Erich Wasmann

Vergleichende Studien über das Seelenleben der Ameisen und der höheren Tiere

Erich Wasmann

Vergleichende Studien über das Seelenleben der Ameisen und der höheren Tiere

ISBN/EAN: 9783743607842

Hergestellt in Europa, USA, Kanada, Australien, Japan

Cover: Foto ©berggeist007 / pixelio.de

Weitere Bücher finden Sie auf **www.hansebooks.com**

Vergleichende Studien

über das

Seelenleben der Ameisen

und der höhern Thiere.

Von

Erich Wasmann S. J.

> Plus enim formicularum et apicularum opera stupemus quam immensa corpora balaenarum. (*S. Augustinus*, De Civitate Dei l. 22, c. 24, n. 5.)

Freiburg im Breisgau.
Herder'sche Verlagshandlung.
1897.
Zweigniederlassungen in Wien, Straßburg, München und St. Louis, Mo.

Vorwort.

In einer kürzlich erschienenen Schrift „Instinct und Intelligenz im Thierreich"[1] haben wir die Begriffe von Instinct und Intelligenz und deren Anwendung auf das Thierleben eingehend geprüft. Das Ergebniß jener Studie war, daß man als Intelligenz nur ein geistiges Abstractionsvermögen bezeichnen dürfe, nicht aber die bloße Fähigkeit, zusammengesetzte Sinnesvorstellungen zu bilden; denn die Gesetze der sinnlichen Vorstellungsassociation gehören in den Bereich des instinctiven Sinneslebens, nicht in denjenigen des intelligenten Geisteslebens. Nun ist aber dasjenige, was die moderne Thierpsychologie „Intelligenz der Thiere" nennt, nichts weiter als eine Vervollkommnung der angebornen Instincte durch die sinnliche Erfahrung des Einzelwesens, die auf eben jenen Gesetzen der sinnlichen Vorstellungsassociation beruht. Es liegt daher kein Grund vor, den Thieren Intelligenz im wirklichen Sinne zuzuschreiben. Ja wir mußten noch weiter gehen und sagen: die Thiere haben keine Intelligenz. Besäßen sie ein geistiges Abstractionsvermögen, so müßten sie dasselbe auch in ihren Thätigkeiten äußern, und zwar insbesondere durch die Bildung einer willkürlichen Laut- oder Zeichensprache. Nun besitzen die Thiere aber keine Sprache; also haben sie auch keine Intelligenz.

Fernerhin wurde in jener Schrift nachgewiesen, daß ein und derselbe kritische Maßstab an die Aeußerungen des Seelenlebens der höhern wie der niedern Thiere gelegt werden müsse. Die anatomische Verschiedenheit, die zwischen den Sinnesorganen und dem Nervensystem der Gliederthiere einerseits und der Wirbelthiere andererseits besteht, berechtigt keineswegs dazu, von vornherein nur etwa den letztern Intelligenz zuzuschreiben, nicht aber den erstern. Dieser Nachweis bildet zu-

---

[1] Ergänzungshefte zu den Stimmen aus Maria-Laach. — 69 (Freiburg i. B., Herder, 1897).

gleich auch die Grundlage der vorliegenden Studie. In derselben soll das Seelenleben der „intelligentesten" Gliederthiere, nämlich der Ameisen, mit demjenigen der höhern Wirbelthiere und des Menschen eingehender verglichen werden. Aus dieser Untersuchung wird sich ergeben, ob die von der modernen Entwicklungstheorie gesuchte Brücke zwischen dem thierischen Instinctleben und dem menschlichen Geistesleben bei den Ameisen oder bei den höhern Wirbelthieren zu finden ist oder ob sie vielleicht gar nicht existirt.

Für Biologen sei bemerkt, daß die vorliegende Schrift auch manche neue Beobachtungen über das Leben der Ameisen und ihrer Gäste enthält.

Exaeten bei Roermond, 21. Januar 1897.

Der Verfasser.

Inhaltsübersicht.

	Seite
Vorwort	III
Inhaltsübersicht	V

Einleitung.

Einige ältere und neuere Ansichten über das Seelenleben der Ameisen und der höhern Thiere 1

Erstes Kapitel.
Das Gesellschaftsleben im Thierreich.

1. Ueberblick über die thierischen Gesellschaftsformen . . 4

Die verschiedenen Stufen des Gesellschaftslebens im Thierreich. Vergleich zwischen den Staaten der Bienen und Ameisen. Die Ameisenstaaten die vollkommensten einfachen und zusammengesetzten Thiergesellschaften.

2. Die socialen Fundamente der Ameisenstaaten . . . 9

Der Polymorphismus als organische Grundlage der Ameisengesellschaften. Psychische Bande in den Ameisenkolonien. Unhaltbarkeit der Vermenschlichung des Staatslebens der Ameisen. Unzulänglichkeit „automatischer" Instincte zur Erklärung desselben.

3. Die Gesellschaften der höhern Thiere verglichen mit den Ameisengesellschaften 13

Gegenseitige Warnung vor Gefahren. Schildwachen. Gegenseitige „Liebesdienste". Zusammenwirken und Arbeitstheilung. Gemeinsame Vertheidigung. „Treue und Gehorsam" in den Thiergesellschaften. Zusammenfassung.

Zweites Kapitel.
Kriege und Sklavenraub im Thierreich.

1. Die Kriege bei den höhern Thieren . . . 25

Fabelhafte Schilderungen der Kriege zwischen Affenhorden. Kein Gebrauch von Waffen oder Geräthschaften.

	Seite
2. Die Kriegszüge der Amazonenameise und der blutrothen Raubameise	28

Taktik derselben; „Humanität" der Sieger. Das Kriegertalent der Amazonenameise und ihre Unfähigkeit, allein Nahrung zu sich zu nehmen. Die Kriegstaktik der blutrothen Raubameise psychologisch geprüft.

3. Der vorgebliche Automatismus im Seelenleben der Ameisen	36

Verschiedenes Verhalten der Individuen derselben Kolonie im Kampfe. Erworbene individuelle Gewohnheiten und Zähmbarkeit bei Ameisen. Psychischer Einfluß der Stärke einer Kolonie auf den Muth ihrer Kämpfer. Besonderer „Heldenmuth" einzelner Individuen. Kampfspiele?

4. Die Sklavenzucht der blutrothen Raubameise	43

„Tradition und Unterricht" in den Insectenstaaten. Versuche mit „autobidaktischen" Ameisen und Bienen. Intelligenzähnliche Plasticität des Sklavereiinstinctes der blutrothen Raubameise bezüglich der Zahl der Hilfsameisen und bezüglich der Art der Hilfsameisen. Die Natur der Sklaverei bei den Ameisen. Mittelweg zwischen Anthropomorphismus und mechanischem Automatismus.

5. Andere Kriege und Bündnisse bei den Ameisen	51

Kampf zwischen benachbarten Kolonien. Bündnisse zwischen feindlichen Kolonien. Psychologische Erklärung derselben. Vergleichender Rückblick.

Drittes Kapitel.

Die Baukunst im Thierreich.

1. Ueberblick über die Bauthätigkeit der Thiere	56
2. Die Nester der Ameisen	59

Mannigfaltigkeit und Willkür ihres Bauplanes. Die Nestbauten bei den verschiedenen Ameisenarten. Psychologische Erklärung ihrer Verschiedenheit.

3. Die Nester der blutrothen Raubameise	66

Wechselvolle Plasticität in der Bauart derselben. Verschiedene Zahl der Nester einer Kolonie. Periodischer und anderer Nestwechsel. Psychologische Deutung dieser Erscheinungen. Anpassungsfähigkeit des Nestbauinstinctes gegenüber feindlichen Angriffen.

4. Wie bauen die Ameisen ihr Nest?	71

Kein maschinenmäßiges Zusammenwirken; Intelligenzähnliche Willkür. Zweckmäßige Berücksichtigung der Temperatur- und Feuchtigkeitsverhältnisse. Vergleich mit der Baukunst der Vögel. Vergleich mit der Baukunst der Säugethiere, besonders der Biber.

5. Verwendung der Baukunst zu andern Bedürfnissen des Ameisenlebens	78

Stationen, Straßen, Galerien, Blattlausställe, Kornkammern, Schutzwehren u. s. w. Die Begräbnißstätten der Ameisen in Dichtung und Wahrheit.

Inhaltsübersicht.

6. Ist die Bauthätigkeit der Ameisen von Intelligenz geleitet? . 81

Die „Brückenbauten" der Ameisen nach W. Marshall und Büchner. Lubbock's Versuche. Eigene Versuche. Schlußergebnisse.

Viertes Kapitel.
Die Brutpflege im Thierreich.

1. Ueberblick über die Brutpflegeinstincte der Thiere . . 88

Beziehung der thierischen Brutpflege und des Familienlebens zur Arterhaltung. Psychologische Bedeutung dieses Verhältnisses. Die Brutpflege bei den geselligen Insecten. Abhängigkeit des Brutpflegeinstinctes der Ameisen von den organischen Entwicklungsgesetzen.

2. Die Brutpflege der Ameisen 95

Psychische Charakteristik ihres Brutpflegeinstinctes und seiner Zweige. Einfluß der Erziehung auf die Differenzirung der Kasten. Zwischenformen zwischen Weibchen und Arbeiterin und deren wahrscheinliche Erklärung. Die Pseudogynen und ihr Zusammenhang mit Lomechusa. Anhänglichkeit der Ameisen an ihre Brut. „Mutterliebe" und „Tantenliebe".

3. Die Adoptionsinstincte im Thierreich . . . 107

Allgemeine Verbreitung des Adoptionsinstinctes. Psychologische Bedeutung desselben. Die Pflege der Lomechusa-Larven durch die Ameisen. W. Marshall und die Pflege der Blattläuseier durch die Ameisen; „Intelligente" Voraussicht der Zukunft; Vergleich mit der Pflege der Lomechusa-Larven. Die Adoptionsinstincte bei den Vögeln und Säugethieren. Zusammenfassung und Folgerungen.

Schluß 117

Rückblick auf den Automatismus und die Plasticität des Instinctlebens der Ameisen und der höhern Thiere. Der Mensch das einzige vernunftbegabte Wesen der sichtbaren Schöpfung. Die Vermenschlichung des Thierlebens ist unwissenschaftlich und für die sittliche Gesellschaftsordnung verderblich.

Einleitung.

Schon ältern Beobachtern des Thierlebens war es aufgefallen, daß Körpergröße und Seelengröße des Thieres keineswegs immer in geradem Verhältnisse zu einander stehen, ja nicht selten eher in einem umgekehrten. Daher sagte bereits Aristoteles, der Scharfsinn des thierischen Erkenntnißvermögens (τὴν τῆς διανοίας ἀκρίβειαν) zeige sich oft mehr bei kleinen als bei größern Thieren[1]. Dem als Beobachter wie als Denker gleich großen Stagiriten war es auch nicht entgangen, daß bei manchen in der zoologischen Stufenordnung niedrig stehenden Thieren das Seelenleben sich in gewisser Beziehung höher erhebe als bei den größten Säugethieren, so hoch, daß seine Aeußerungen nur mit den socialen Einrichtungen der menschlichen Gesellschaft sich vergleichen lassen. Unter jenen „blutlosen" Thieren, die eine klügere Seele haben als manche mit Blut begabte[2], erwähnt er ganz besonders die Ameisen und die Bienen. Demselben Gedanken gab einer der größten christlichen Denker, der hl. Augustinus, in den Worten Ausdruck: „Wir bewundern mehr die Werke der winzigen Ameisen und Bienen als die gewaltige Körpermasse der Wale."[3] Und ein geistreicher moderner Naturforscher, Emil Dubois-Reymond, hat im Namen seiner Collegen das Geständniß abgelegt[4]: „Mit ehrfurchtsvollem Staunen betrachtet er (der Naturforscher) das mikroskopische Klümpchen Nervensubstanz, welches der Sitz der arbeitsamen, baulustigen, ordnungsliebenden, pflichttreuen, tapfern Ameisenseele ist."

---

[1] Hist. animal. l. 9, c. 7 (*Becker* I, 612).
[2] De partib. animal. l. 2, c. 4 (*Becker* I, 650). Die aristotelische Eintheilung der Thiere in solche, die rothes, und solche, die farbloses Blut besitzen, fällt sachlich zusammen mit der Eintheilung der Thiere in Wirbelthiere und Wirbellose. Unter „blutlosen" Thieren sind jene verstanden, die kein rothes Blut besitzen.
[3] De Civ. Dei l. 22, c. 24, n. 5 (*Migne* XLI, 792).
[4] Ueber die Grenzen des Naturerkennens. Reden von E. Dubois-Reymond, 1. Folge (Leipzig 1886), S. 127.

2

Es ist ohne Zweifel berechtigt, daß sich die sorgfältige Detailbeobachtung der neuesten Zeit, besonders seit Peter Hubers klassischen Recherches sur les moeurs des fourmis indigènes (1810), mit Eifer auch dem Leben der Ameisen zugewandt hat. Sehr viel interessantes und psychologisch werthvolles Material ist dadurch zu Tage gefördert worden. Die Verwerthung desselben von seiten populärwissenschaftlicher Schriftsteller, die auf dem Standpunkte der „vulgären Psychologie" standen, war jedoch vielfach eine unwissenschaftliche, indem die Ameisen ihnen dazu herhalten mußten, das Thier zu vermenschlichen und den wesentlichen Unterschied zwischen den thierischen und menschlichen Seelenfähigkeiten zu läugnen. Es ist noch nicht lange her, daß Ludwig Büchner zu diesem Zwecke sein „Geistesleben der Thiere" (Berlin 1876) geschrieben hat. Wie es mit derartigen oberflächlichen Geistesproducten meistens geschieht, hat Büchner bis in die neueste Zeit nicht wenige Nachahmer und Abschreiber gefunden. Eine Prüfung dieser Darstellungen vom Standpunkte einer kritischen Psychologie dürfte daher auch heute noch nicht überflüssig sein.

Ferner hat selbst Sir John Lubbock, der doch als beobachtender Fachmann an das Studium des Ameisenlebens herangetreten ist und von einer tendenziösen Vermenschlichung desselben sich ferne hielt, dennoch in der Einleitung seines Buches „Ameisen, Bienen und Wespen" (Leipzig 1883) erklärt, die Ameisen ständen auf der Stufenleiter der Intelligenz dem Menschen zunächst und ihre Seelenfähigkeiten seien selbst über jene der anthropoiden Affen zu stellen. Auch George Romanes widmete in der fünften Auflage seines Buches Animal Intelligence (1892) den Ameisen über hundert Seiten, ein Beweis für die hohe Bedeutung, die er ihren psychischen Fähigkeiten beilegte.

Schon vor dem Erscheinen des Lubbock'schen Buches über die Ameisen hatte ein anderer vortrefflicher Kenner des Ameisenlebens, Dr. August Forel, in seinen Fourmis de la Suisse (1874) die Ansicht ausgesprochen, daß bei den Ameisen die socialen Instincte, nicht die individuelle Intelligenz, der Hauptfactor ihres psychischen Lebens seien (S. 444). Obwohl er auch bei den Ameisen einzelne merkwürdige Beweise von Verstand zu finden meint, so glaubt er doch, daß dieselben mit der individuellen Intelligenz der höhern Wirbelthiere (Affen, Seehunde, Elefanten u. s. w.) keinen Vergleich aushalten können. Ebenso wurde auch bei Besprechung unseres Buches „Die zusammengesetzten Nester und gemischten Kolonien der Ameisen" (Münster 1891) von den meisten Kritikern, besonders von Forel und Smalian, zugegeben, daß das Leben und Treiben der Ameisen fast nur von ihren socialen Instincten geleitet werde. Bei den höhern Wirbelthieren dagegen soll allmählich die Intelligenz über den Instinct überwiegen. So verlangt es die darwinistische Descendenztheorie, weil sie sonst die geistige Entwicklung des Menschen aus dem Thierreich nicht zu erklären vermag. Die einzige Annahme, die ihr zu diesem Zwecke zu Gebote steht, ist, daß bei den hypothetischen thierischen Vorfahren des Menschen zu der individuellen Säugethier-Intelligenz durch das sich entfaltende Gesellschaftsleben auch eine Vervollkommnung der socialen Instincte hinzukam, wodurch das höhere Thier allmählich zum Menschen wurde.

Ob diese Annahme haltbar ist, werden die folgenden Kapitel zeigen. Selbstverständlich dürfen wir uns bei unserer vergleichenden Studie nicht von jenen entwicklungstheoretischen Postulaten leiten lassen, sondern nur von den Grundsätzen einer kritischen Psychologie, die wir bereits in unserer frühern Schrift „Instinct und Intelligenz im Thierreich" (Freiburg i. B. 1897) auseinandergesetzt haben.

Erstes Kapitel.
Das Gesellschaftsleben im Thierreich.

1. Ueberblick über die thierischen Gesellschaftsformen.

So mannigfaltig die körperlichen Gestalten sind, die uns in der großen, weiten Thierwelt entgegentreten, so mannigfaltig sind auch ihre Lebensbeziehungen. Die große Mehrzahl der Thiere, sowohl der niedern wie der höhern, lebt einzeln und vereinigt sich nur vorübergehend mit andern Individuen derselben Art zum Zwecke der Fortpflanzung; kein dauerndes psychisches Band verbindet sie mit den übrigen Wesen derselben Species. Andere Thiere bilden zur Fortpflanzungszeit Paare, welche so lange beisammen bleiben, bis die Jungen hinreichend erwachsen sind, um selbständig ihren Lebensunterhalt zu finden; dies ist der Fall bei den meisten Vögeln und Säugethieren. Bleiben die Sprößlinge eines Paares dauernd bei diesem, so entsteht aus der Familie eine Herde, welche die Angehörigen verschiedener verwandter Familien umfaßt. Ein Herdenleben führen beispielsweise die wilden Rinder und Pferde, die Gemsen und Antilopen und viele Affen. Während das eigentliche Herdenleben auf den Familienbanden im weitern Sinne beruht und meist dauernd ist, scharen sich andere Thiere nur vorübergehend zu Rudeln oder Horden zusammen, um gemeinsame Wanderungen zu unternehmen, wie unsere Zugvögel im Herbste und die Lemminge Skandinaviens. Bei Insecten kommen ebenfalls ähnliche vorübergehende Massenansammlungen von Individuen derselben Art oder nahe verwandter Arten vor und nehmen auch hier die Form von wandernden Schwärmen an. Bei den Wanderheuschrecken ist dies allbekannt; aber auch bei Schmetterlingen, Wasserjungfern (Libellen) und andern Insecten sind solche Massenzüge beobachtet worden.

Nur wenige Thierarten gehen in ihrer geselligen Vereinigung so weit, daß die Familienangehörigen gemeinschaftlich Bauten errichten, gemeinsam ihre Jungen erziehen und gemeinsam für den Nahrungserwerb der ganzen

Familie sorgen. Es sind dies die ζῶα πολιτικά des Aristoteles, welche ein **geordnetes Gesellschaftsleben** führen, das dem Gesellschaftsleben des Menschen einigermaßen vergleichbar ist. Diese Thiere sind vorzugsweise die sogen. **staatenbildenden Insecten,** die geselligen Wespen, Bienen, Ameisen und Termiten (weißen Ameisen). Bei den beiden letztgenannten erreicht das sociale Leben die höchste Stufe der Vollkommenheit, die wir im ganzen Thierreiche finden. Wohl errichten auch die geselligen Webervögel gemeinsame Bauten, insofern sie ihre Nester enge zusammen anlegen, und die Mitglieder von Biberkolonien bauen gemeinschaftlich ihre Dämme, insofern manchmal verschiedene Paare bei den Stauarbeiten an derselben Stelle sich betheiligen. Aber was diesen Gesellschaften höherer Thiere fehlt, ist die Gemeinschaftlichkeit der Brutpflege und die Gemeinschaftlichkeit des Nahrungserwerbs mit ihrer zweckmäßigen Arbeitstheilung. Alle diese Elemente des gesellschaftlichen Lebens zusammen treffen wir nur bei den geselligen Insecten, in besonders hohem Grade bei den Ameisen.

Ohne Zweifel ist das Gesellschaftsleben schon an sich, vom vergleichend psychologischen Standpunkte aus betrachtet, vollkommener als das Einzelleben. Natürlich sprechen wir hier von jenem Gesellschaftsleben, welches auf **socialen Instincten,** auf den Gesetzen des **sinnlichen Erkenntnißlebens** beruht und nicht bloß durch die Gesetze des **vegetativen Lebens** verursacht wird wie bei den sogen. **Thierstöcken,** den Schwämmen, den Korallenpolypen, den echten Polypen und vielen Mantelthieren (Tunikaten). Bei diesen ist das Band, welches die verschiedenen Individuen zu einer Kolonie (Stock) verbindet, ein rein körperliches. Ihr Zusammenleben ist eine unmittelbare vegetative Naturnothwendigkeit; denn sie wachsen buchstäblich als Zweige aus einem gemeinsamen Stamme heraus. Wie es für die Pflanze eine unmittelbare vegetative Naturnothwendigkeit ist, Zweige und Blätter und Blüthen zu treiben, so ist es für einen Stock der Schwimmpolypen (Siphonophoren) eine **rein vegetative Naturnothwendigkeit,** sich in verschiedene, lose zusammenhängende Einzelwesen zu gliedern, die der Ernährung (Nährpolypen), der Fortpflanzung (Geschlechtspolypen), der Tastwahrnehmung (Tastpolypen), der Fortbewegung (Schwimmpolypen) und dem Schutze (Deckpolypen) dienen. Die von Haeckel und manchen andern Zoologen für die Bestandtheile eines solchen Thierstockes gebrauchte Bezeichnung von „Personen" (Freßpersonen, Schwimmpersonen u. s. w.) ist offenbar eine unpassende, weil sie denselben eine psychische Selbständigkeit andichtet, die sie gar nicht besitzen. Mit größerem Rechte könnte man einen Schwimmpolypenstock als ein mannigfaltig gegliedertes Individuum von unvollkommener Einheit auffassen, für dessen functionell verschiedene Körpertheile eher der Name „Organ" als „Person" paßt.

Die Aehnlichkeit des Gesellschaftslebens, die zwischen einer Polypenkolonie und einer Ameisenkolonie besteht, ist nur eine ganz oberflächliche und äußerliche. Letztere besteht aus organisch voneinander getrennten und psychisch selbständigen Individuen, erstere nicht. Die Glieder einer Ameisenkolonie sind in sich abgeschlossene Einzelwesen, die nicht durch **vegetative Wachsthumsgesetze**, sondern durch **instinctive Zuneigung** miteinander verbunden sind. Diese Art von Geselligkeit ist in der That als eine höhere Aeußerung des psychischen Lebens zu betrachten, welche einzellebende Thiere nicht aufweisen.

Die **Grundlage** der instinctiven Zusammengehörigkeit der Individuen einer Kolonie ist allerdings auch bei den staatenbildenden Insecten eine **organische**, eine **vegetative**: es ist die Thatsache der gemeinschaftlichen Abstammung von einer und derselben Stammutter, von der oder den sogen. „Königinnen". Bei den Honigbienen kann nur **eine** Königin dauernd im Stocke sein, weil sie den Mittelpunkt und Anregungspunkt für die Bethätigung der Instincte der Arbeiterinnen bildet. Sie ist gleichsam die Centraltriebfeder des geselligen Zusammenwirkens. Daher kann auch nur ein solches Princip der Einheit in einem Bienenstaate sein; sobald deren mehrere vorhanden sind, muß eines weichen, weil sonst die Einheit des geselligen Lebens und Wirkens gestört würde. Die alte Königin verläßt deshalb, sobald eine junge Königin im Stocke zur Entwicklung gekommen ist, mit einem Theile der Arbeiterinnen die alte Heimat; sie veranlaßt einen „Schwarm", der als neue Kolonie anderswo sich niederläßt. Wie die Auswanderung selbst, so wird auch die Richtung derselben durch die Königin bestimmt, nicht durch die einzelnen Arbeiterinnen.

Wesentlich anders gestaltet sich das Geselligkeitsprincip bei den **Ameisen**. Die Königin ist hier nur der organische **Ausgangspunkt**, aber nicht der psychische **Mittelpunkt** der Kolonie; sie ist bloß die unentbehrliche Eierlegerin, auf deren Fruchtbarkeit die Existenz und der Zuwachs der Kolonie beruht; aber sie ist keineswegs die instinctive Gebieterin, wie die Bienenkönigin in ihrem Stocke es ist. Die Ameisenkönigin spielt im socialen Leben ihres Staates nur einzig und allein beim Eierlegen eine **active** Rolle, sonst überall eine **passive**. Für die geordnete Bethätigung der socialen Instincte der Arbeiterinnen sind diese selbst die Triebfeder, nicht die sogen. Königin. Daher kann es auch mehrere, ja viele solcher Potentatinnen in einer Ameisen= kolonie geben, ohne daß die Einheit des geselligen Lebens gestört und das geordnete Zusammenwirken der Arbeiterinnen gefährdet würde. In einem volkreichen Haufen der rothrückigen Waldameise (Formica rufa) habe ich einmal über 60 alte Königinnen angetroffen; ähnliche Zahlen sind mir auch in einigen andern Fällen bei verschiedenen inländischen und aus= ländischen Ameisenarten begegnet.

Wegen der instinctiven Abhängigkeit, in welcher die einzelnen Ar= beiterinnen eines Bienenstockes von ihrer Königin stehen, besitzt der Bienen= staat vergleichsweise einen **monarchischen** Charakter. Der Ameisen= staat dagegen trägt wegen der hohen Selbständigkeit der instinctiven Thätig= keit der einzelnen Arbeiterindividuen mehr ein **demokratisches, republikanisches, ja socialistisches** Gepräge. Vom Standpunkte der vergleichenden Psychologie aus ist das Gesellschaftsleben der Ameisen entschieden höher zu stellen als dasjenige der Bienen, wegen der **höhern psychischen Selbständigkeit der einzelnen Individuen.** Durch diesen Zug der individuellen Selbständigkeit erhalten die Ameisenstaaten unter allen Thiergesellschaften die **höchste Aehnlichkeit** mit den auf Intelligenz und freiem Willen der Einzelwesen beruhenden **menschlichen Staatsverbänden.** Diese Aehnlichkeit ist und bleibt zwar eine **bloße Analogie**; aber sie ist die **höchste Stufe der Analogie**, die wir überhaupt zwischen thierischem und menschlichem Staatsleben kennen. Auch auf das Gesellschaftsleben der Ameisen paßt wie überhaupt auf alle Thier= gesellschaften der Name „Staat" nur im übertragenen, nicht im eigent= lichen Sinne [1]; aber er paßt auf die Ameisenstaaten vollkommener als auf andere Insectenfamilien, wie er auf die Insectenstaaten vollkommener paßt als auf irgend welche andere Thiergesellschaften.

Ein weiterer Hauptgrund, weshalb auf die Ameisenkolonien der Name „Staat" verhältnißmäßig mit größerem Rechte angewandt werden kann als auf die gesellschaftlichen Verbände anderer Thiere, liegt darin, daß die Ameisengesellschaften vielfach nicht bloß „erweiterte Familien" sind, sondern auch Mitglieder **ganz fremder Arten umfassen können,** welche in der Kolonie Aufnahme fanden. Dadurch werden die betreffenden Ameisenkolonien aus **einfachen** zu **zusammengesetzten** Thiergesell= schaften. Die erwähnten fremden Thiere sind theils Ameisen anderer

---

[1] Vgl. hierüber auch *A. Espinas*, Des sociétés animales, 2. éd., p. 372.

Arten, die als Hilfsameisen („Sklaven") in der Kolonie leben[1], theils sind sie Angehörige ganz anderer Insectenordnungen, namentlich gewisse Käfer, wie die Gattungen Atemeles und Lomechusa, die von den Ameisen freundschaftlich aufgenommen, beleckt und gefüttert, und deren Larven gleich der eigenen Brut von den Ameisen erzogen werden[2]. Es ist dies eine ganz besondere Form des Genossenschaftslebens (Symbiose), die im übrigen Thierreich nicht vertreten ist. Die Symbiose wird erst dort zum Gesellschaftsleben, wo auch ein psychischer Verkehr zwischen den Symbionten besteht. Zwischen einem Einsiedlerkrebs und der Seerose (Actinie), die auf seinem Gehäuse sich ansiedelt, zwischen einem kleinen Fisch (Trachichthys tunicatus) und einer großen Actinie, in deren Tentakelkranz das Fischchen sich aufzuhalten pflegt[3], ist zwar eine für beide Theile nützliche Wechselbeziehung (Mutualismus) vorhanden, die aber nicht zu einem psychischen Wechselverkehr sich erhebt, obwohl der eine Theil instinctiv den andern aufsucht. Aehnlich ist auch das Verhältniß der Ameisen zu vielen ihrer indifferent geduldeten Gäste, während ihr Verhältniß zu den Hilfsameisen und zu den echten Gästen eine höhere psychologische Stufe einnimmt und zu einem wirklichen Gesellschaftsleben wird. Parasiten, feindlich verfolgte Einmiether und indifferent geduldete Mitbewohner finden sich überdies in der Gesellschaft vieler höhern und niedern Thiere; in den Nestern der geselligen Wespen, Hornissen und Hummeln sind sie ebenfalls vorhanden; aber echte Gäste, die trotz ihrer systematischen Verschiedenheit dennoch von ihren Wirten gewissermaßen als gleichberechtigte Wesen, als Familienglieder behandelt werden, begegnen uns bloß bei den Ameisen und den Termiten. Wenn eine verirrte Gemse oder ein Steinbock einer Ziegenherde sich anschließt, so ist das offenbar noch bei weitem nicht dasselbe, wie wenn die Ameisen sich Blatt- und Schildläuse als Melkvieh halten und auch deren Eier pflegen, oder wenn sie bestimmte Käferarten, deren Beleckung ihnen eine besondere Annehmlichkeit bietet, sogar nach Art der eigenen Gefährtinnen oder der eigenen Larven aus ihrem Munde füttern. Die gesellschaftliche Wechselbeziehung, die hier zwischen den Thieren verschiedener Art obwaltet, ist eine viel vollkommenere. Obwohl sie, wie wir später zeigen werden, mit dem

---

[1] Vgl. Wasmann, Die zusammengesetzten Nester und gemischten Kolonien der Ameisen. II. Abschnitt.
[2] Siehe die „Selbstbiographie einer Lomechusa" in den „Stimmen aus Maria-Laach" 1897, LII, 69, woselbst auch die betreffende Fachliteratur angeführt ist.
[3] Vgl. Zool. Anzeiger Bd. XI (1888), Nr. 278, S. 240.

Adoptionsinstinct innig zusammenhängt, der auch bei den höhern Thieren sich findet, so ist doch das Verhältniß der Ameisen zu ihren Sklaven und echten Gästen eine sehr hohe Form der Symbiose, die unter den höhern Wirbelthieren ihresgleichen nicht hat.

2. Die socialen Fundamente des Ameisenstaates.

Die tiefste Grundlage der Ameisenstaaten ist, wie bereits angedeutet wurde, eine **organische**. Organisch ist sie nicht bloß deßhalb, weil sie auf gemeinschaftlicher Abstammung von einer gemeinsamen Eierlegerin beruht, sondern ganz besonders auch deßhalb, weil sie in ihren wesentlichen Grundzügen durch den **Polymorphismus**, durch die körperliche Verschiedenheit der Individuen einer Kolonie, bedingt wird. Der Ameisenstaat ist organisch gegliedert in gesetzmäßige Gruppen von verschiedenen, mit verschiedenen körperlichen und psychischen Eigenschaften ausgestatteten „**Kasten**"; diese Kasten gehen aus der eigenthümlichen organischen Entwicklungsanlage der Ameisenarten hervor, sie beruhen auf **vegetativen Wachsthumsgesetzen**, nicht auf Intelligenz und freiem Willen der Einzelwesen, wie die menschlichen Gesellschaftsklassen. Die überwiegende Mehrzahl der Mitglieder einer Ameisenkolonie wird bekanntlich von ungeflügelten Geschlechtslosen gebildet, von „Arbeiterameisen" oder „Ameisen" schlechthin. Diese Arbeiterinnen sind eine secundäre Entwicklungsform des weiblichen Geschlechtes, bei welcher die Eierstöcke verkümmert, das Gehirn und die Instincte aber um so besser ausgebildet sind[1]. Bei vielen Ameisen, besonders bei den Gattungen Pheidole, Pheidologeton, Eciton, Colobopsis u. s. w., theilen sich die Arbeiterinnen wiederum in zwei körperlich verschiedene, mehr oder minder scharf getrennte Kasten, in eigentliche Arbeiterinnen und in Soldaten, deren letztere einen riesig großen Kopf mit mächtigen Kiefern besitzen. Die flügellosen Arbeiterinnen und Soldaten sorgen für das sociale Wohl ihrer Kolonie; Nestbau, Brutpflege, Verproviantirung und Vertheidigung des Nestes obliegt ihnen, während die geflügelten Männchen und Weibchen für die Fortpflanzung der Art bestimmt sind. Nach der Befruchtung, die meist in der Luft beim Paarungsfluge erfolgt, legen die Weibchen ihre Flügel ab und werden nun zu „Königinnen", indem sie entweder eigene neue Kolonien gründen,

---

[1] Als „verkümmerte Weibchen" kann man sie daher nicht schlechthin bezeichnen, ebensowenig als die Arbeiterinnen bei den Bienen.

ober von den Arbeiterinnen ihrer frühern Kolonie als neue Eierlegerinnen in das alte Nest zurückgeführt werden.

Die Grundlage der sogen. Staatsverfassung ist sonach bei den Ameisen[1] in der That eine organische; es ist die Abstammung von einem befruchteten Weibchen und die aus derselben specifisch eigenartigen Fruchtbarkeit hervorgehende Gliederung der Nachkommen in körperlich und psychisch verschieden begabte Kasten. Das sociale Band, welches die Mitglieder einer Ameisenkolonie zusammenhält und von andern Kolonien derselben Art trennt, ist jedoch ein psychisches, ein instinctives. Es ist das auf gemeinschaftlicher Abstammung beruhende Gefühl der Zusammengehörigkeit, der Geselligkeitstrieb; es ist ferner der Nachahmungstrieb, durch welchen die Arbeiterinnen derselben Kolonie zu gemeinsamer Thätigkeit angeregt werden. Zur thatsächlichen Vermittlung dieser Zusammengehörigkeit und dieses Zusammenwirkens dient eine sinnliche Fühlersprache: durch Berührung mit den Fühlern erkennen sich die Tausende und Hunderttausende von Mitgliedern derselben Kolonie sofort als zu derselben Gemeinschaft gehörig und unterscheiden jeden fremden Eindringling von den Ihrigen; durch Fühlerschläge theilen sie sich untereinander ihre verschiedenen Affecte und Wahrnehmungen mit und lenken dadurch die Aufmerksamkeit anderer Arbeiterinnen ihrer Kolonie auf dieselbe Thätigkeit hin. Dieselbe Fühlersprache vermittelt auch den Verkehr der Ameisen mit den fremden Hilfsameisen in den gemischten Kolonien, sowie auch den Verkehr der echten Gäste der Ameisen mit ihren Wirthen.

Die Unterscheidung der Angehörigen der eigenen Kolonie von fremden Ameisen wird durch eine sehr feine Geruchswahrnehmung mittels der Fühler ermöglicht. Die Mitglieder derselben Kolonie besitzen denselben feinen „Nestgeruch" und vermögen ihn durch Beleckung sogar andern Wesen mitzutheilen. Ein Käfer der Gattung Atemeles, der von einer Ameise einer Formica-Kolonie einmal freundschaftlich beleckt worden ist, wird sofort von den übrigen Ameisen derselben Kolonie als „Freund" erkannt, während sie ihn sonst feindlich angreifen[2]. Wie durch Beleckung, so kann auch durch gegenseitige Fütterung der Nestgeruch sich Mitgliedern

---

[1] Wir sprechen hier zunächst von den einfachen Ameisengesellschaften, welche keine Angehörige fremder Arten umfassen.

[2] In den „internationalen Beziehungen der Atemeles", die auf Grund zwölfjähriger Beobachtungen demnächst in einer Fachzeitschrift veröffentlicht werden sollen, wird näheres Beobachtungsmaterial hierüber gegeben werden.

2. Die socialen Fundamente des Ameisenstaates. 11

fremder Kolonien mittheilen. Der Geruch der Speicheldrüsensecrete scheint somit bei den Ameisen wie bei den Bienen[1] als Erkennungszeichen für die „Staatsbürgerschaft" zu dienen.

Es ist ohne Zweifel ein blühender Unsinn, wenn Büchner[2] die Ameisenstaaten den socialen Republiken der Menschen gleichstellt und erstere sogar noch vollkommener findet als letztere. Und wenn moderne Socialpolitiker[3] auf eine derartige Basis ihre Reform der menschlichen Gesellschaftsordnung zu stellen suchen, so dürfen wir wohl sagen: das sind utopische Projecte. Ihre Erfinder haben übersehen, daß die Klassenunterschiede der Menschen auf ganz andern Grundlagen beruhen als die Kastenunterschiede bei den Ameisen. Bei den Menschen sind sie das Ergebniß wandelbarer äußerer Lebensverhältnisse oder auch eine Folge der vernünftigen freien Wahl der maßgebenden Einzelwesen; bei den Ameisen dagegen entspringen sie unmittelbar aus den erblichen organischen Gesetzen des Polymorphismus. Jene socialistischen Theoretiker haben ferner übersehen, daß bei den Ameisen ebendeshalb vollkommene Gleichheit und Brüderlichkeit zwischen allen Mitgliedern einer Kolonie herrscht, weil diese Thiere bloß von ihren socialen Instincten, nicht von selbstbewußter Ueberlegung geleitet werden und daher auch gar nicht in die Lage kommen können, ihr Privatwohl in egoistischer Weise dem Gemeinwohl vorzuziehen, wie die Menschen es leider nur zu oft thun. Erst müßten jene socialistischen Schwärmer die Menschen in Ameisen verwandeln; dann hätte es einen Sinn, die Ameisenrepubliken als das wahre Ideal einer menschlichen Staatsform hinzustellen.

Mit Recht sagt daher auch H. E. Ziegler[4]: „Bei den Insecten ist die sociale Differenzirung durch die Verschiedenheit der Organisation und die Verschiedenheit der Instincte bedingt und dadurch genau vorgeschrieben und geregelt, während beim Menschen die sociale Differenzirung auf der verschiedenartigen Ausbildung, Uebung und Gewohnheit beruht; beim Menschen ist das Gesellschaftsleben nur in seiner Grundlage durch einige

---

[1] Vgl. die interessante kleine Schrift von R. Ludwig, Futtersaft oder thierische Veranlagung als der Beherrscher und Ordner geheimnißvoller Vorgänge im Bienenvolke. Verlag der Leipziger Bienenzeitung, 1896.
[2] Geistesleben der Thiere S. 52.
[3] Vgl. z. B. *Cognetto de Martiis*, Le forme primitive nella evoluzione economica. Torino 1881.
[4] Die Naturwissenschaft und die socialdemokratische Theorie S. 188. — Vgl. auch R. Leuckart, Ueber den Polymorphismus der Individuen oder die Erscheinungen der Arbeitstheilung in der Natur. Gießen 1851.

sociale Instincte, in seiner Ausgestaltung aber durch den Verstand, durch Unterricht und Gewohnheit bestimmt. . . . Man würde einen groben Irrthum begehen, wenn man von den Verhältnissen der Insecten einen Schluß auf die socialen Einrichtungen des Menschen machen wollte, besonders wenn man etwa die communistischen ‚Staaten‘ der Insecten als Vorbild eines Communismus der Menschen betrachten möchte." Auch Smalian[1] schließt sich diesen Ausführungen Zieglers an, und ich glaube, daß es kaum einen denkenden Naturforscher gibt, der hierin nicht mit uns übereinstimmte.

Nun kommt aber die Kehrseite dieses Zugeständnisses. Das sociale Leben der Ameisen bildet trotzdem, d. h. trotz seiner wesentlichen Verschiedenheit vom menschlichen Staatsleben, dennoch die höchste Stufe des Gesellschaftslebens im ganzen Thierreich; selbst die gesellschaftlichen Verhältnisse der höchsten Affen reichen nicht im entferntesten an die Ameisenstaaten heran. Obwohl die Grundlage des socialen Lebens und der socialen Arbeitstheilung in den Staaten der Ameisen eine organische ist und durch den körperlichen Polymorphismus bis zu einem bedeutenden Grade von vornherein mit aprioristischer Naturnothwendigkeit bestimmt wird, so ist doch die Bethätigung der socialen Instincte auch bei den Ameisen von der individuellen Sinneswahrnehmung und Sinneserfahrung des Einzelwesens geleitet und in ihren Einzelheiten bestimmt. Wer diese individuelle Sinneserfahrung bei den höhern Thieren, den Hunden, Affen u. s. w., fälschlich als Intelligenz bezeichnet, wie Ziegler und die gesamte moderne Zoologie es thut[2], der muß nicht so inconsequent sein, den Ameisen einen hohen Grad von „individueller Intelligenz" abzusprechen. Wer die auf sinnlicher Erfahrung des Einzelwesens beruhenden Associationen, ohne auf eine kritische Analyse der psychologischen Begriffe einzugehen, einfachhin für intelligent ausgibt, der muß den Ameisen nicht bloß die höchste Entwicklung der socialen Instincte, sondern auch die höchste Entwicklung der Intelligenz im ganzen Thierreiche zugestehen. Das wollen wir jetzt des nähern beweisen.

Was haben die Gesellschaften höherer Thiere in psychologischer Beziehung vor den Ameisenstaaten angeblich voraus? Suchen wir uns darüber Klarheit zu verschaffen.

---

[1] Altes und Neues aus dem Leben der Ameisen in: Zeitschr. f. Naturw. Halle 1894, LXVII, 30.

[2] Siehe unsere frühere Schrift „Instinct und Intelligenz" Kap. 2.

3. Die Gesellschaften der höhern Thiere verglichen mit den Ameisengesellschaften.

Ziegler weist mit Darwin[1] darauf hin, daß bei den höhern Säugethieren, insbesondere bei den Affen, „Vergesellschaftungen vorkommen, welche die Warnung vor Gefahr, den gegenseitigen Schutz der Genossen und die gemeinsame Vertheidigung oder auch den gemeinsamen Nahrungserwerb, manchmal den gemeinsamen Angriff auf die Beutethiere zum Zweck haben"[2]. — Ganz denselben Zweck verfolgen auch die Ameisengesellschaften. Obgleich bei ihnen der Hauptzweck die gemeinschaftliche Erziehung der Brut ist, so sind doch auch jene Nebenzwecke nicht bloß nicht ausgeschlossen, sondern werden von den Ameisen in noch viel vollkommenerem Grade angestrebt und erreicht als von den genannten höhern Thieren. Dafür aber, daß die Affen mit Bewußtsein des Zweckes, also mit Intelligenz, jene Ziele verfolgen, während die Ameisen es ohne Bewußtsein des Zweckes, also rein instinctiv thun, dafür hat weder Darwin noch Espinas noch Ziegler noch irgend ein anderer moderner Thierpsychologe jemals einen Beweis erbracht.

Gehen wir etwas näher auf die einzelnen Vergleichspunkte ein. Die höhern Thiere, welche in Trupps leben, leisten sich dadurch gegenseitig einen nützlichen Dienst, daß sie einander durch bestimmte Ruflaute vor Gefahr warnen. Manche derselben, wie z. B. die Gemsen, stellen regelmäßig eigene „Schildwachen" zu diesem Zwecke aus. Dasselbe thun aber auch die Ameisen, und zwar in noch vollkommenerer und intelligenzähnlicherer Weise. Der ganze Unterschied besteht nur darin, daß die Stelle der Warnlaute durch eine andere Form der sinnlichen Empfindungsmittheilung, durch die Fühlersprache, vertreten wird. Wenn ein Trupp blutrother Raubameisen (Formica sanguinea) einem Neste der schwarzgrauen Sklavenameise (Formica fusca) sich naht, so stürzt die erste Schwarze, welche den Feind bemerkt, eilig in das Nest zurück, theilt durch heftige Fühlerschläge ihren eigenen Schrecken den übrigen Arbeiterinnen, die ihr zuerst begegnen, mit und gibt dadurch das Signal zur allgemeinen Flucht. Sofort werden die Larven und Puppen aus den höher gelegenen Nesttheilen in die tiefern Gänge und Kammern hinabgeschafft, und wenn der Feind auch dorthin vordringt, laufen die Schwarzen über Hals und Kopf aus den entgegengesetzten verborgenen Nestausgängen ins Freie und

---

[1] Abstammung des Menschen I, 4. Kap.   [2] Ziegler a. a. O. S. 189.

klettern mit den ihnen so theuern Larven und Puppen auf Grashalme und Gesträuch, um dieselben dem Feinde zu entziehen. Ja manchmal greifen sie bereits auf die erste Schreckenskunde hin schon zu diesem letzten Fluchtmittel und nehmen alle zusammen Reißaus, bevor noch die ersten Feinde im Nestinnern angekommen sind. In ähnlicher Weise, jedoch mit Befolgung einer andern Taktik, suchen sich die gelben und braunschwarzen Wiesenameisen (Lasius flavus und niger) zu retten, wenn ihr Nest von einer Formica-Art angegriffen wird. Die Kunde von dem Nahen des Feindes wird von den ersten Ameisen, die es bemerken, durch heftige Fühlerschläge mit Blitzesschnelle in der ganzen Kolonie verbreitet. Man schleppt die Larven und Puppen, die Geflügelten und die Königinnen in die tiefsten Nestkammern und verbarrikadirt sich dann durch hastige Auf=
führung von Erdwerken gegen das Vordringen des Gegners. Während die kleinen Lasius immer und immer wieder mit neuen Erdklümpchen die Zugänge zum Nestinnern verstopfen, werden einzelne Feinde, die sich zu weit vorgewagt haben, von einer Menge der Vertheidiger an Fühlern und Beinen gepackt und getödtet.

Wenn es bei höhern Thieren ein Zeichen von Intelligenz sein soll, daß sie „die Sinne aller zum Schutze der Gesellschaft in Dienst stellen", so gilt genau dasselbe, ja in noch vollkommnerem Grade, auch von den Ameisen. Das Ausstellen von Schildwachen zum Schutze der Gesellschaft ist bei diesen geselligen Insecten ebenso gut, ja noch besser zu beobachten als bei den gesellig lebenden Affen. In einem Beobachtungsneste von Formica sanguinea, welches vier Arten von Sklaven (Hilfsameisen), nämlich F. fusca, rufibarbis, rufa und pratensis, umschließt, kann ich seit Jahren alltäglich diese Thatsache constatiren. Ich gebe hier eine ver=
kleinerte Zeichnung dieses Beobachtungsnestes, da es im folgenden noch oft erwähnt werden wird. (Siehe die umstehende Abbildung.)

Das Hauptnest und das Nebennest sind zwei Glasnester, von Holz=
rahmen eingefaßt. Der Nestraum wird in denselben durch den Zwischen=
raum zwischen der obern und untern Glasscheibe gebildet, der theilweise mit Erde gefüllt ist. Die Höhe jenes Zwischenraumes beträgt 10—12 mm, so daß die Ameisen für ihre Arbeiten freien Spielraum haben, ohne sich bei denselben den Blicken des Beobachters entziehen zu können. Die obere Glasscheibe beider Nester bleibt für gewöhnlich mit einem schwarzen Tuche bedeckt, damit die Ameisen nicht, um das Licht vom Nestinnern abzuhalten, die obere Glaswand mit Erde bekleben. Hauptnest und Nebennest sind untereinander und mit den übrigen, gleichfalls aus Glas bestehenden Nest=

3. Gesellschaften der höhern Thiere und Ameisengesellschaften. 15

theilen, deren Beschaffenheit aus der Abbildung hinreichend hervorgeht, mittels Glasröhren verbunden.

In dem Hauptnest, welches das eigentliche Nestinnere darstellt, hält die große Masse der Ameisen mit ihren zwei Königinnen, ihren Larven,

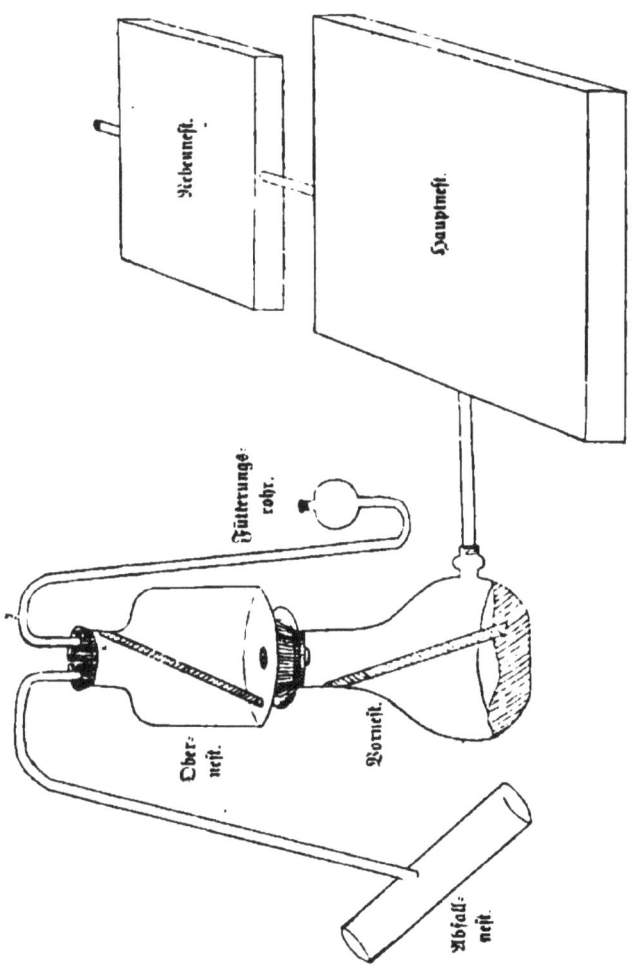

Puppen und Gästen sich auf. Im Vornest ist gewöhnlich eine Anzahl Ameisen, um sich zu sonnen und verschiedene Erdarbeiten zu verrichten. Im Obernest verweilt gewöhnlich eine geringe Anzahl sanguinea, rufa und pratensis als Schildwachen, sowie um die hineingeworfenen Fliegen

und andere Beute in Empfang zu nehmen. In der Glaskugel des Fütterungsrohres sind immer, auch wenn dieselbe gerade keinen Zucker oder Honig enthält, eine oder ein paar Ameisen postirt, gewöhnlich fusca oder rufibarbis, welche diesen Theil der Fourage mit Vorliebe besorgen. Ja selbst im Abfallneste, wohin die Ameisen ihre Todten schleppen, halten sich regelmäßig eine oder ein paar Ameisen von irgend einer der erwähnten fünf Arten auf, unbeweglich basitzend und auf alle verdächtigen Vorgänge im Neste oder in der Nähe desselben achtend. Am 26. März 1896 waren von morgens bis abends eine F. fusca und eine F. pratensis im Abfallnest postirt, am 27. März morgens 7 Uhr zwei F. pratensis, von 10 Uhr an an ihrer Stelle zwei F. sanguinea; am 28. März vormittags eine sanguinea, und nachdem ich diese herausgenommen und eingesperrt, bald darauf eine andere sanguinea für den ganzen Nachmittag. Am 29. März den ganzen Tag eine sanguinea; am 30. März morgens 7½ Uhr zwei fusca; nachdem ich um 8 Uhr eine derselben herausgenommen und eingesperrt hatte, war um 8½ Uhr bereits eine andere fusca an ihre Stelle getreten, und beide blieben dort den ganzen Vormittag; u. s. f. Nur während des Winters, nachdem ich das Abfallnest völlig geleert und lange Zeit an demselben keine Veränderungen vorgenommen hatte, waren auch keine Ameisenposten in demselben mehrere Wochen lang zu sehen gewesen, weil die Ameisen an diesem Nesttheile kein actives Interesse mehr hatten und die kühle Temperatur sie im Hauptneste und dessen nächsten Nachbartheilen zurückhielt. Man wird nicht behaupten können, daß die Ausstellung dieser Wachtposten in den verschiedensten Nesttheilen bloß durch den Polymorphismus bedingt sei; das sinnliche Erkenntniß- und Strebevermögen der einzelnen Ameisen jener fünf Arten ist dabei in hohem, mannigfaltigem Grade betheiligt. Dasselbe gilt auch, wie wir später zeigen werden, für andere Formen der Arbeitstheilung im Ameisenstaate.

„Sociale Thiere verrichten einander manche kleine Dienste. Pferde beknappern einander, Kühe lecken einander an jeder Stelle, wo sie ein Jucken fühlen, Affen suchen einander die äußern Schmarotzer ab", u. s. w. So Ziegler nach Ch. Darwin. Ganz ähnliche Dienste leisten sich aber auch die Ameisen einer und derselben Kolonie untereinander. Wer jemals Ameisen in passend eingerichteten Beobachtungsnestern gehalten hat, wo sie sich völlig behaglich fühlen und sich ganz in ihren natürlichen Verhältnissen finden, der kann derartige „Liebesdienste" täglich hundertmal beobachten. Bei meinem oben abgebildeten Beobachtungsneste brauche ich nur das schwarze Tuch, welches die Lichtstrahlen von der obern Glasscheibe des Hauptnestes abhält, vorsichtig zu lüften, und fast jedesmal sehe ich eine oder mehrere solcher wunderhübschen Scenen. Da liegt gerade eine Arbeiterin von F. sanguinea der Länge nach unbeweglich auf der Seite und läßt sich von ihren Gefährtinnen „waschen"; eine sanguinea, eine fusca und eine rufibarbis sind mit dieser Arbeit beschäftigt und lecken die regungslos daliegende Ameise mit großer Sorgfalt ab, kehren sie dann um und belecken sie ebenso sorgfältig auf der andern Seite. Nach einer halben Minute werden sie durch die Erhellung des Nestes von ihrer Verrichtung abgelenkt und laufen davon, einen dunkeln Nesttheil aufsuchend. Die gewaschene Gefährtin erhebt sich nun ebenfalls und folgt ihnen. Unterschiedslos erweisen sich alle Arbeiterinnen sämtlicher fünf Ameisenarten, die in meiner gemischten Kolonie leben, gegenseitig diese Reinigungsdienste; bald ist die beleckte Ameise eine Herrin, bald eine der Sklavenarten, und ebenso unterschiedslos betheiligen sich Herren und Sklaven an diesem Geschäfte. Wie bei den Kühen, die sich gegenseitig belecken, ist die Beleckung der Gefährtinnen bei den Ameisen eine auch für den beleckenden Theil selber meist angenehme Thätigkeit. Und wenn Affen sich wechselseitig die Schmarotzer absuchen, so darf man zur richtigen psychologischen Würdigung dieses „Liebesdienstes" ebenfalls nicht übersehen, daß die Affen die an ihren Gefährten entdeckten Parasiten mit sichtlichem Appetit — verspeisen.

Bezüglich der gegenseitigen Reinigungsdienste besteht eine wesentliche Gleichheit zwischen den Ameisen und den geselligen höhern Thieren. Nur sind sie bei den Ameisen noch viel häufiger als bei den erstern. Bei beiden beruhen sie an erster Stelle auf dem **Reinlichkeitstrieb**, der ohne Zweifel ein instinctiver Trieb ist[1]. Hierzu kommt zweitens die gleichfalls instinctive **Anhänglichkeit** der Mitglieder einer Thiergesellschaft untereinander. Wenn Ameisen eine von Staub beschmutzte Gefährtin durch sorgfältiges Bürsten mit den Kiefern und Belecken mit der Zunge reinigen, so ist diese Thätigkeit, vom Standpunkte der vergleichenden Psychologie betrachtet, auf dieselben psychischen Motive zurückzuführen, wie wenn Affen, die durch ein Dorngestrüpp geschlüpft sind, sich nachher gegenseitig die Dornen absuchen und herausziehen. Das Ablecken von Staub ist den Ameisen an und für sich ebensowenig angenehm wie den Affen

---

[1] Cf. *Ballion*, De l'instinct de la propreté chez les animaux. 2. éd. Bazas 1895.

das Ausziehen von Dornen. Bei den Ameisen geht die gegenseitige Anhänglichkeit der Nestgenossen aneinander sogar vielfach so weit, daß sie **ihre verwundeten und kranken Gefährtinnen sorgfältig pflegen**, was bei den in Herden lebenden höhern Säugethieren nicht der Fall ist. In meinem obigen, sehr gut gehaltenen Beobachtungsneste von Formica sanguinea habe ich wiederholt unzweifelhaft beobachtet, daß kranke oder durch feindliche Ameisensäure betäubte Gefährtinnen, mochten sie nun der Herrenart oder einer der Sklavenarten angehören, tagelang einer aufmerksamen Pflege durch Beleckung unterzogen wurden, bis sie wieder hergestellt waren. Auch Forel bezeichnet es als eine allgemeine Regel, daß Ameisen ihre kranken oder beschädigten Gefährtinnen pflegen[1].

„Doch leisten sich gesellige Thiere auch wichtigere Dienste. So jagen Wölfe und manche andere Raubthiere in Trupps und helfen einander beim Angriff auf die Beute. Die Hamadryas-Paviane drehen Steine um, um Insecten zu suchen u. s. w., und wenn sie an einen großen kommen, wenden ihn so viele, als herankommen können, gemeinsam um und theilen die Beute. Sociale Thiere vertheidigen sich auch gegenseitig." — Was Ziegler aus Darwins Abstammung des Menschen hier citirt, kann ebensowenig wie seine obigen Ausführungen einen Beweis dafür liefern, daß das Gesellschaftsleben der Rinder, der Paviane und anderer Säugethiere dem menschlichen Gesellschaftsleben näher stehe als dasjenige der Ameisen. Im Gegentheil, auch die hier erwähnten Aeußerungen des geselligen Lebens finden sich bei den Ameisen sogar in noch **weit vollkommenerem Grade**.

Auch manche Ameisen jagen in Trupps, besonders die blutrothen Raubameisen (Formica sanguinea und rubicunda), die rothen Amazonenameisen (Polyergus rufescens, lucidus und breviceps), sowie sämtliche Arten der Doryliden-Gattungen Eciton und Anomma; diese sind die gefürchteten Wanderameisen und Treiberameisen des tropischen Amerika und Afrika. Die Jagdzüge von Formica sanguinea werden in kleinern Abtheilungen von etwa zwanzig bis fünfzig Arbeiterinnen unternommen und gelten nicht bloß dem Raube von Arbeiterinnenpuppen der Sklavenarten (Formica fusca und rufibarbis), sondern ebenso oft auch der Plünderung von Nestern kleinerer Ameisen aus der Gattung Lasius, deren Larven, Puppen und geflügelte Geschlechter als Beute nach Hause geschleppt und dort verzehrt werden. Zur Zeit des Paarungsfluges von

---

[1] Vgl. auch Lubbock, Ameisen, Bienen und Wespen. 5. Kap. — Daraus, daß die Ameisen ihre kranken Nestgenossen pflegen, folgt jedoch nicht im mindesten, wie Lubbock zu glauben scheint, daß diese Thiere „bewußte, denkende Wesen" seien.

Lasius niger jagen manche sanguinea-Kolonien die Umgebung ihres Nestes nach den zu Boden gefallenen dicken Weibchen von Lasius ab und ziehen ihre Opfer — einzeln oder mit vereinten Kräften — in ihre Raubburgen, um sie dort abzuschlachten. Am Nachmittag des 24. August 1888 sah ich eine solche förmliche Jagd bei einigen sanguinea-Kolonien unweit Exaeten am Rande eines Kiefernwaldes. Der Fahrweg, der an jenen Nestern vorbeiführte, war weithin mit umhereilenden sanguinea bedeckt, die sich auf jedes vom Himmel fallende Lasius-Weibchen stürzten und es als Beute heimschleppten. Innerhalb einer Stunde zählte ich über hundert Weibchen von Lasius niger, welche dieser Jagd zum Opfer fielen.

Die individuelle Initiative der einzelnen Ameise bekundet sich bei solchen Gelegenheiten ebensosehr wie bei den höhern Säugethieren, die Gemeinschaftlichkeit des zweckmäßigen Zusammenwirkens erreicht noch einen viel höhern Grad als bei diesen. Wie oft kann man sehen, daß auf unsern Waldwegen ein Trupp rothrückiger Waldameisen (Formica rufa) mit vereinten Anstrengungen einen großen, schweren Schafmistkäfer (Geotrupes typhoeus) als Beute zu ihrem Haufen transportirt; oder eine Anzahl Waldameisen schleppt gemeinsam einen großen Balken — für unsere Auffassung ist es allerdings nur ein Zweigstück —, welcher das Gewicht einer einzelnen Ameise um das Fünfzigfache übersteigt, miteinander dem Baue zu! Die einen ziehen vorne, die andern schieben hinten, und wenn die letztern auch einmal für einige Sekunden nach der verkehrten Seite ziehen, so merken sie es doch bald und es geht wiederum in der richtigen Weltgegend dem Neste zu. Die Gemeinsamkeit des Handelns ist verschieden bei verschiedenen Ameisenarten. Am höchsten ist sie unter unsern Formica-Arten bei der Waldameise (F. rufa) entwickelt; bei ihr tritt die individuelle Initiative des Einzelwesens mehr in den Hintergrund. Die blutrothe Raubameise (F. sanguinea) dagegen verbindet mit der Fähigkeit, dort, wo es zweckmäßig ist, unitis viribus voranzugehen, auch einen bedeutenden Grad der individuellen Initiative, ähnlich wie wir ihn bei Hunden und Affen und andern höhern Thieren treffen.

In den gemischten Kolonien der Ameisen ist es besonders interessant, das Zusammenwirken der verschiedenen Arten und die zwischen ihnen bestehende Arbeitstheilung zu verfolgen. In meinem obenerwähnten Beobachtungsneste von Formica sanguinea, welches außer dieser noch vier andere Formica-Arten als Hilfsameisen umschließt, theilen sich diese fünf Ameisenarten in die zum Wohle der Gesamtheit dienenden Beschäftigungen in zweckmäßiger Weise so, daß die eine Arbeit vorzugsweise von dieser, die andere vorzugsweise von jener besorgt wird, den instinctiven Neigungen einer jeden entsprechend. Diese Arbeitstheilung ist jedoch keine maschinenmäßige, durch den specifischen Charakter der betreffenden Art pedantisch bestimmte, sondern die Arbeiterinnen jeder Art nehmen wenigstens in untergeordnetem Maße auch an den Arbeiten aller übrigen theil. So wird z. B. die Brutpflege im Hauptneste (s. die Abbildung S. 15) vorzugsweise von sanguinea selber besorgt, nebenbei auch von allen vier Hilfsameisenarten. In der Glaskugel des Fütterungsrohres, welches den Zucker enthält, sind am öftesten und zahlreichsten fusca oder rufibarbis zu sehen, die sich dort ihr Kröpfchen durch Lecken mit Zuckersaft oder Honig füllen und den Vorrath nachher an ihre Gefährtinnen im Neste mittheilen. Sanguinea, rufa und pratensis ziehen es vielfach vor, die ganzen Zuckerkrümchen klumpenweise aus dem Fütterungsrohre in das Obernest zu tragen, wobei sie wiederum mannigfaltige individuelle Unterschiede des Handelns, auch unabhängig von ihrem Artcharakter, zeigen: manchmal wird das Zuckerklümpchen nur bis y (s. die Abbildung) an die höchste Stelle der Verbindungsröhre gebracht und dort von andern Ameisen weitergeschafft, meist jedoch wird es unmittelbar (über x hinaus) in das Vornest spedirt und dort entweder bis auf den Boden desselben im Maule getragen oder, was allerdings seltener vorkommt, schon aus größerer Entfernung einfach hinabgeworfen, wie ich bei mehreren sanguinea beobachtete. Wenn ich eine große Schmeißfliege oder ein ähnliches lebendiges Opfer in das Vornest setze, so sind es hauptsächlich sanguinea und rufibarbis, die wüthend auf dasselbe losstürzen, während rufa und pratensis bei demselben Anlasse eine besondere Geschicklichkeit und Ausdauer im Festhalten des zappelnden und flatternden Beutethieres an den Tag legen. Die sanguinea mit ihren kräftigen Kiefern besorgen vorzugsweise die Zerstückelung der Beute im Vorneste, während der weitere Transport größerer Beutestücke in das Nestinnere gewöhnlich von rufa oder sanguinea ausgeführt wird.

Wenn man ähnliche Scenen in einer gemischten Gesellschaft, die aus verschiedenen Arten höherer Thiere bestände, zu beobachten Gelegenheit hätte, würde man nicht umhin können, das einträchtige Zusammenwirken und die zweckmäßige, aber keineswegs maschinenmäßige Arbeitstheilung bei denselben zu bewundern. Nun sind es aber keine höhern Thiere, sondern Ameisen, die so handeln, Ameisen, die man, um die vorgebliche Intelligenz der höhern Thiere zu retten, zu „Instinctautomaten" machen will!

3. Gesellschaften der höhern Thiere und Ameisengesellschaften.

Die Gemeinsamkeit der Arbeit und die Arbeitstheilung ist jedoch bei den Ameisen wie bei den Thieren überhaupt nicht eine derartige, daß sie zu einer gegenseitigen individuellen Hilfeleistung sich gestaltete wie bei den Menschen. Derselbe Gegenstand fesselt die Aufmerksamkeit mehrerer Individuen und beschäftigt jedes derselben auf seine Weise. Aus der Aehnlichkeit der instinctiven Neigungen der einzelnen Ameisen, unterstützt durch den Nachahmungstrieb, geht die Gemeinsamkeit der Arbeit hervor. Hermann v. Jhering hat hierauf bei den Arbeiterinnen der brasilianischen Blattschneiderameisen (Atta) hingewiesen[1] und auch die psychologische Bedeutung dieses Unterschiedes der Thierstaaten gegenüber den Menschenstaaten hervorgehoben.

Daß auch die geselligen Insecten — nicht bloß etwa die höhern Säugethiere — ihre Gesellschaft und namentlich ihre Brut gemeinschaftlich vertheidigen, das weiß jedermann, ohne darüber erst fachwissenschaftliche Studien angestellt zu haben. Man braucht, um sich davon zu überzeugen, nur auf ein in der Erde befindliches Wespennest zu treten oder sich auf einen Ameisenhaufen zu setzen, dann wird man diese Thatsache bald zugeben. Ja gerade in der Gemeinschaftlichkeit der Vertheidigung ihres Nestes und ihrer Brut, in der „Aufopferung" für dieselbe, stehen die geselligen Insecten und insbesondere die meisten Ameisen einfachhin unter allen Thieren obenan. Auf diese „Selbstlosigkeit und Opferwilligkeit" der thierischen „Mutterliebe" werden wir bei den Brutpflegeinstincten noch des nähern zurückkommen.

Bei den höhern Thieren, die in Gesellschaften leben, z. B. bei den Bisons oder den Hundsaffen, gilt die Vertheidigung der Gesellschaft gegen einen gemeinsamen Feind nicht der Vertheidigung des einzelnen Individuums als solchen. Ein vom Jäger aus dem Hinterhalte erlegtes Stück der Herde wird von den übrigen Bisons oft noch neugierig berochen, und um des verwundeten oder getödteten Stückes willen unternimmt das Rudel keinen Angriff auf den Gegner. Die Wölfe machen es noch einfacher; sie fressen den vom Feinde getödteten oder verwundeten „Bruderwolf" auf, statt sich mit Racheplänen zu befassen. Wie bei den höhern Thieren, so ist auch bei den Ameisen die gemeinsame Vertheidigung nicht auf die Rettung des einzelnen Individuums der Gesellschaft gerichtet. Eine angegriffene Ameise wird von den Ihrigen nie in der Weise vertheidigt, daß man

---

[1] Die Ameisen von Rio Grande do Sul, in: Berliner Entomologische Zeitschrift 1894, Heft 3, S. 346.

sagen könnte, die übrigen eilten herbei, um diese einzelne Arbeiterameise zu retten; es ist bloß die Wahrnehmung der gemeinsamen Gefahr und die dadurch erregte Kampfeswuth der Ameisen, weshalb sie auf den gemeinsamen Gegner losstürzen. Das haben schon Forel und Lubbock beobachtet, und auch ich kann es bestätigen. Weder bei den höhern Thieren noch bei den Ameisen ist somit eine individuelle Hilfeleistung in menschlichem Sinne zu finden, weder bei der Arbeit noch beim Kampfe.

„Alle Thiere, welche in Massen zusammenleben und einander vertheidigen oder ihre Feinde gemeinsam angreifen, müssen in gewissem Grade einander treu sein, und jeder, der einem Anführer folgt, muß in gewissem Grade gehorsam sein. Wenn die Pavians in Abessynien einen Garten plündern, so folgen sie schweigend ihrem Anführer, und wenn ein unkluges junges Thier ein Geräusch macht, so bekommt es von den andern einen Klapps, um es Schweigen und Gehorsam zu lehren" (sic!).

Auch diese von Ziegler aus Darwins „Abstammung des Menschen" entlehnte Schilderung paßt, wenn wir sie von den ganz willkürlichen anthropomorphen Deutungen reinigen, vollkommen auf das Ameisenleben. Wer die Begriffe „Treue" und „Gehorsam" im menschlichen Sinne versteht als vernunftmäßige, freiwillige Unterwerfung unter die Anforderungen der Pflicht und der Autorität, der darf den Pavianen ebensowenig „Treue" und „Gehorsam" zuschreiben als den Ameisen. Es ist, vom Standpunkte einer kritischen Psychologie aus betrachtet, lächerlich, den „Klapps", den der alte Pavian dem jungen gibt, als eine anthropomorphe Ermahnung zur Treue und zum Gehorsam zu deuten. Der unvorsichtige Schrei, den der junge Pavian ausstößt, erregte — wenn die ganze Geschichte auf Wahrheit beruht — den instinctiven Unwillen der alten lautlos voranziehenden Affen. Die instinctiven Associationen bestimmter sinnlichen Wahrnehmungen mit bestimmten sinnlichen Affecten erklärt diese Thatsache viel einfacher und natürlicher; es ist also eine willkürliche Vermenschlichung des Thieres — wie Darwin deren allerdings in jenem Buche unzählige begangen hat —, wenn Darwin und Ziegler deshalb den Pavianen Treue und Gehorsam im menschlichen Sinne beilegen[1].

Eine entfernte Analogie zu den Begriffen der Treue und des Gehorsams findet sich allerdings bei vielen Thieren, aber nicht bloß bei den höhern, sondern auch bei den staatenbildenden Insecten. Ueberall dort, wo ein bestimmtes Individuum das Centrum für die Bethätigung

---

[1] Siehe hierüber meine frühere Schrift „Instinct und Intelligenz im Thierreich".

der Instincte der übrigen Gesellschaftsmitglieder bildet, leisten die letztern diesem auch „Treue und Gehorsam". Die schwärmenden Bienen folgen alle „treu und gehorsam" ihrer Königin. Da bei den Ameisen die Königin nicht der centrale Anregungspunkt für die instinctive Thätigkeit der Arbeiterinnen ist, tritt hier selbstverständlich auch „Treue und Gehorsam" weniger hervor. Bei den Ameisen sind es die am eifrigsten thätigen und durch ihre individuelle Initiative sich am meisten auszeichnenden Arbeiterinnen, welche die Instincte der Gefährtinnen am mächtigsten zur Nachahmung und dadurch zur thatsächlichen Nachfolge bei der betreffenden Arbeit anregen. Der ganze Unterschied zwischen den von Darwin erwähnten Pavianen und unsern Ameisen besteht nur darin, daß bei den erstern die instinctive Verbindung der einzelnen Individuen einer Horde hauptsächlich durch Ruflaute, bei letztern dagegen durch Fühlerschläge vermittelt wird; handgreifliche Gebärden finden sich zur Nachhilfe dieser gegenseitigen „Verständigung" bei beiden. Wenn eine heftig erregte Formica sanguinea oder fusca durch Fühlerschläge ihre Gefährtin nicht dazu bewegen kann, ihr zu einer bestimmten Thätigkeit zu folgen, so nimmt sie dieselbe nicht selten bei den Kiefern oder bei einem Beine und zieht sie einfach an die betreffende Stelle hin, wo der Gegenstand ihrer Aufmerksamkeit sich befindet. In derselben Weise schützt eine Ameise oft die übrigen vor drohenden Gefahren, welche sie zuerst bemerkt hat. Wiederholt habe ich in meinen Beobachtungsnestern gesehen, wie einzelne Formica sanguinea oder fusca eine andere Gefährtin durch Fühlerschläge oder durch noch handgreiflichere Gebärden „zur Vorsicht ermahnten". Wenn ich z. B. die Glasröhre, welche das Fütterungsrohr mit dem Oberneste verbindet (vgl. die Abbildung S. 15), herausgenommen und einige der sofort aus der Oeffnung des Obernestes kampfbereit herausstürzenden „Schildwachen" abgefangen hatte, bemerkte ich mehrmals, wie eine der Ameisen, die im Oberneste nahe dem Ausgange saßen, auf die übrigen zusprang, sie mit den Fühlern als Warnungszeichen schlug und eine der gerade hinauseilen wollenden Gefährtinnen sogar an einem Beine ergriff und von der verdächtigen Oeffnung zurückzog. Wer derartige psychische Aeußerungen bei den höhern Thieren als „intelligente Handlungen" deutet, verfährt offenbar inconsequent, wenn er den Ameisen einen ebenso hohen oder noch höhern Grad von „individueller Intelligenz" abspricht. Eine kritische Thierpsychologie wird in derartigen Erscheinungen ebensogut bei den höhern Thieren wie bei den Ameisen nur sinnliche Vorstellungs- und Gefühlsassociationen finden, die in den Bereich des instinc-

tiven Sinneslebens, nicht in denjenigen eines intelligenten
Geisteslebens gehören[1]. Die socialen Instincte der Thiere, deren Be=
thätigung von der individuellen Sinneserfahrung mannigfaltig beeinflußt
und bestimmt wird, erklären vollkommen sämtliche Analogien der „Treue",
des „Gehorsams", der „Vorsicht" u. s. w., die uns bei den staaten=
bildenden Insecten nicht in geringerem, sondern eher noch in höherem Grade
als bei den Affen und andern Säugethieren begegnen. Wer den höhern
Thieren deshalb eine menschenähnliche Intelligenz zuschreibt, vermenschlicht
daher das Thierleben in ebenso willkürlicher wie inconsequenter Weise.

Fassen wir das Ergebniß unserer vergleichenden Untersuchung
über das Gesellschaftsleben der Ameisen und der höhern Thiere nochmals
kurz zusammen. Die Geselligkeit der Affen und anderer höherer Wirbel=
thiere beruht auf socialen Instincten, durch welche sie zum gegen=
seitigen Schutz, zur gemeinschaftlichen Vertheidigung und zum Theil auch
zu gemeinschaftlichem Nahrungserwerb zusammenwirken. Dieses Zu=
sammenwirken wird durch die Sinneserfahrung und die sinnlichen Affecte
der einzelnen Individuen mehr oder minder stark beeinflußt und mannig=
faltig gestaltet. — Genau dasselbe Zusammenwirken, aber noch voll=
kommener, zweckmäßiger und mannigfaltiger, finden wir auch
in den Ameisenstaaten. Auch hier beruht dasselbe auf socialen
Instincten, welche, dem organischen Polymorphismus entsprechend, auf
die verschiedenen Gesellschaftsklassen (Kasten) eines Staates verschieden
vertheilt sind. Innerhalb dieser Klassen herrscht bezüglich der Bethätigung
der sinnlichen Erfahrung und der sinnlichen Affecte der Einzelwesen vielfach
eine außerordentlich große Selbständigkeit und Mannig=
faltigkeit des individuellen Handelns, die bei manchen Ameisenarten,
z. B. bei der blutrothen Raubameise (Formica sanguinea), jener der höhern
Wirbelthiere gleichkommen dürfte. Ferner kann die Vollkommenheit
des geselligen Zusammenwirkens der höhern Säugethiere mit
jener der Ameisen sich nicht im entferntesten messen; denn sie erstreckt
sich bei letztern nicht bloß auf gemeinschaftlichen Schutz, gemeinschaftliche
Vertheidigung und gemeinschaftliche Jagd, sondern auch auf gemeinschaft=
lichen Wohnungsbau, gemeinschaftliche Jugenderziehung und gemeinschaft=
liche Verpflegung sämtlicher „Staatsangehörigen" durch jeweilig ver=
hältnißmäßig wenige Individuen, welche im Interesse der Gesamtheit auf
Nahrungserwerb ausgehen und die ganze Gesellschaft verproviantiren.

---

[1] Vgl. „Instinct und Intelligenz im Thierreich", besonders Kap. 3.

Bei Affen oder andern höhern Thieren kommt nichts derartiges vor. Der Nahrungserwerb selber ist bei den Ameisen ein sehr mannigfaltiger: er umschließt Viehzucht (Blattlauspflege), Jagd (Insectenraub, besonders Raub fremder Ameisenpuppen), Ackerbau (körnersammelnde Ameisen), Gärtnerei (pilzzüchtende Ameisen) u. s. w. Die Jagdzüge mancher Ameisenarten gelten ferner nicht bloß dem Nahrungserwerb, sondern auch dem Sklavenraub, indem die geraubten Arbeiterinnenpuppen bestimmter fremder Ameisenarten als Mitglieder des eigenen Staates aufgezogen werden. Durch diese zweckmäßige Eingliederung fremder Familienangehörigen in die eigene Kolonie erhält das Gesellschaftsleben der Ameisen in den „gemischten Kolonien" eine intelligenzähnliche Universalität, die wir bei den höhern Thieren vermissen. Dieselbe Universalität bekundet sich auch darin, daß manche Ameisenarten sogar Mitglieder anderer Insectenordnungen, die als „echte Ameisengäste" bekannten Käfer der Gattungen Lomechusa, Ateneles u. s. w., welche den Ameisen bestimmte Annehmlichkeiten bieten, als Familienangehörige behandeln und sogar die Brut derselben gleich den eigenen Jungen pflegen und erziehen.

Man wird demnach wohl zugestehen müssen, daß die Entwicklung des Gesellschaftslebens der Ameisen eine höhere und vollkommenere ist als bei den Affen oder andern höhern Thieren; die Ameisenstaaten stellen somit, vom vergleichend psychologischen Standpunkte betrachtet, die vollkommensten aller Thiergesellschaften dar.

Zweites Kapitel.
Kriege und Sklavenraub im Thierreich.

1. Die Kriege bei den höhern Thieren.

Die modernen entwicklungstheoretischen Schilderungen des geselligen Lebens der höhern Wirbelthiere verfolgen den Zweck, dasselbe als Grundpfeiler für den von der Entwicklungstheorie geforderten Brückenbau zwischen Thier und Mensch zu benutzen. Daher beschließt auch Ziegler diese Schilderung mit einer psychologischen Parallele, durch die er im Verein mit Darwin das thierische Gesellschaftsleben dem menschlichen möglichst nahezurücken sucht. Betrachten wir diesen entwicklungstheoretischen Versuch im Lichte einer wissenschaftlichen Psychologie.

2. Kapitel. Kriege und Sklavenraub im Thierreich.

„Es gibt also schon bei den Thieren ein ähnliches sociales Zusammenleben, wie man es im Menschengeschlecht in den Horden und Stämmen uncultivirter Völker sieht. Selbst die Kriege, welche seit den ältesten bekannten Zeiten unter den Horden und Stämmen des Menschengeschlechtes bestanden, sie haben schon Vorbilder in der Thierwelt, wie folgendes von Darwin angeführte Beispiel beweist.

„'Brehm berichtet nach der Autorität des bekannten Reisenden Schimper, daß, wenn in Abessinien die zu der einen Art gehörigen Paviane (Cynocephalus gelada) truppweise von den Bergen herabsteigen, um die Felder zu plündern, sie zuweilen Trupps von einer andern Species (Cynocephalus hamadryas) begegnen, und dann beginnt ein Kampf; die Geladas rollen große Steine herab, welchen die Hamadryas auszuweichen suchen, und dann gehen beide Species mit großem Lärm wüthend aufeinander los.'"

Inwieweit jenes „also", durch welches das sociale Zusammenleben der höhern Thiere mit dem menschlichen Gesellschaftsleben verknüpft werden soll, auf Thatsachen beruht, haben wir bereits im vorigen Kapitel gesehen. Auch bei den höhern Säugethieren beruht ihr geselliges Zusammenwirken bloß auf socialen Instincten und individueller Bethätigung derselben durch die Sinneserfahrung der Einzelwesen. Beim Menschen dagegen beruht das Gesellschaftsleben nur in seiner Wurzel auf socialen Instincten, in seiner Ausgestaltung dagegen auf intelligenter, freier Selbstbestimmung der Individuen. Ziegler und Darwin haben keine Spur eines Beweises dafür erbracht, daß letztere auch schon bei den höhern Thieren sich finde. Oder sollten vielleicht die Kriege, welche Affenhorden miteinander führen, diesen Beweis enthalten? Wir wollen sehen.

In jener Schilderung wird behauptet, daß die Paviane absichtlich Steine auf ihre Gegner rollten und sich dadurch gewissermaßen der Steine als Waffen im Kampfe bedienten, etwa wie 1809 die Tiroler in ihrem Freiheitskampfe gegen die Franzosen und Bayern gelegentlich gethan haben. Aber bezüglich der Affen ist diese Angabe eine Fabel. Pechuel-Loesche[1]

---

[1] Es ist zu bedauern, daß es Herrn Pechuel-Loesche nicht gestattet war, die von ihm bearbeitete dritte Auflage von „Brehms Thierleben" einer gründlichen psychologischen Reinigung zu unterziehen. Obwohl manche der gröbsten Stellen verbessert oder fortgelassen wurden, ist doch die von der tendenzlosen Vermenschlichung des Thierlebens untrennbare „Eigenart der Brehmschen Schreibweise" beibehalten worden. Vgl. die Besprechung dieses Werkes in Natur und Offenbarung Bd. XXXVII, 570.

hat sie bereits in der dritten Auflage von Brehms Thierleben (I, 50) berichtigt. „Es wird erzählt," so schreibt er, „daß die Affen sich mit abgebrochenen Aesten wehren, und es wird ziemlich allgemein angenommen, daß sie Steine, Früchte, Holzstücke und andere Gegenstände von oben herab auf ihre Gegner schleudern. Dieser Glaube entspringt wohl durch=
weg ungenauen Beobachtungen. Seine Anhänger und Verbreiter sahen vielleicht doch nur, was sie nach den mannigfaltigen Berichten voraussetzten, nicht was wirklich geschah. Baumaffen brechen in über=
müthigem Spiele dürres Geäst ab, indem sie darauf springen, wippen und daran rütteln; aber sie werfen nicht damit nach einem etwa unten Stehenden, ebensowenig wie mit Früchten oder andern Gegenständen, die sie vielleicht in den Händen halten und natürlich fallen lassen, wenn sie erschreckt werden und fliehen. Auch Paviane, davon ich besonders die Tschakmas zu Hunderten recht oft und sorgfältig beobachten konnte, denken nicht daran, von ihren Felsensitzen mit Steinen nach Verfolgern zu werfen. Von den Stellen, wo sie sich gerade befinden, rollen und fallen zwar Felsbrocken herab, aber nur zufällig und auch dann, wenn kein Feind in Sicht ist. . . . Ich habe mit meiner Frau, der das Gebaren der Paviane als der oftmals einzigen und sehr lärmenden Lebewesen in den Felseneinöden Südwestafrikas viel Vergnügen bereitete, gerade dieses Treiben eingehend beobachtet, um mich besonders davon zu überzeugen, ob sie wirklich werfen. Dies thun sie sicherlich nicht."

Welches Licht verbreiten diese kritischen Beobachtungen Pechuel-Loesches über die von der modernen Entwicklungstheorie so hoch gepriesene „indi=
viduelle Intelligenz" der Affen? Ein sehr klares, aber für jene Theorie äußerst unvortheilhaftes Licht. Die Affen sind ungeachtet ihres hochent=
wickelten Gehirns, das dem menschlichen Gehirn zweifellos anatomisch am ähnlichsten ist, trotzdem nicht im stande, auch nur die einfachsten Schlußfolgerungen anzustellen, welche zum Gebrauche von Baumästen und Steinen als Waffen führen könnten. Eine Spinne, die ein kunst=
reiches Netz webt, mittels dessen sie ihre Beute fängt, oder die Spinn=
fäden nach ihrem Opfer schleudert, um es zu umstricken; oder ein Ameisen=
löwe (Myrmeleon formicarius), ein zu den Netzflüglern gehöriges Insect, dessen Larve von dem Mittelpunkte ihres Erdtrichters aus mit ihren langen beweglichen Oberkiefern Sand auf eine Ameise schleudert, so daß diese in die Tiefe des Trichters rollt und dem Ameisenlöwen zur Beute wird; oder ein Schützenfisch (Toxotes jaculator), welcher Wasserstrahlen auf kleine Insecten abschießt, die an den Uferpflanzen sitzen, so daß sie

als seine Beute ins Wasser fallen: diese zoologisch niedrig stehenden Thiere sind in Bezug auf den zweckmäßigen Gebrauch von Waffen dem Menschen weit ähnlicher als die höchsten Affen, die doch die einzige entwicklungstheoretische Brücke zwischen Thier und Mensch bilden können. Daß Affen durch den Nachahmungstrieb und durch Dressur vom Menschen den Gebrauch mancher einfachen Werkzeuge zu „lernen" vermögen, ist bloß ein Beweis für die Intelligenz des Menschen und für das sinnliche Wahrnehmungsvermögen der Affen[1]. Besäßen die Affen selber Intelligenz, auch nur eine Spur von Intelligenz, so müßten sie auch in ihrem freien Naturleben längst schon den zweckmäßigen Gebrauch einfacher Werkzeuge, wie der Baumäste und Steine, zur Vertheidigung erfunden haben. Warum ist letzteres nicht der Fall? Die einzig mögliche wissenschaftliche Antwort lautet: weil sie offenbar keine Intelligenz haben. Nicht das Gehirn allein macht den Menschen zum intelligenten Wesen, sondern seine geistige Seele, und diese geistige Seele fehlt den höchsten Affen ebensogut, wie sie den Insecten fehlt. Die moderne Entwicklungstheorie liebt es zwar, alle Thatsachen zu ignoriren, welche nicht in ihr Hypothesengewebe passen. Aber das ist kein wissenschaftliches Vorangehen.

Der Versuch Darwins und Zieglers, die Kriege der Affen denjenigen uncivilisirter Volksstämme gleichzustellen, ist mißlungen. Selbst die rohesten Wilden gebrauchen Geräthschaften und Waffen von mancherlei Art, um ihre Beute zu erjagen und ihre Feinde zu bekriegen. Die von Darwin und Ziegler gezogene Parallele zwischen den Kriegen der Affen und der Wilden beweist somit, wenn man sie vorurtheilsfrei betrachtet, genau das Gegentheil von dem, was Darwin und Ziegler dadurch beweisen wollten: sie beweist die wesentliche Verschiedenheit der bloß sinnlichen Seelenfähigkeiten der höchsten Wirbelthiere von den geistigen Seelenfähigkeiten des Menschen.

2. Die Kriegszüge der Amazonenameise und der blutrothen Raubameise.

Viel eher als die Kriege der Affenhorden ließen sich noch die Kriege der Ameisen mit den menschlichen Kriegen vergleichen. Andere Waffen als die ihnen angewachsenen Kiefersäbel, Giftdolche oder Giftspritzen gebrauchen allerdings auch die Ameisen ebensowenig wie die höhern

---

[1] Siehe hierüber „Instinct und Intelligenz" S. 43.

2. Die Kriegszüge der Amazonenameise und der blutrothen Raubameise.

Thiere; aber sie gebrauchen dieselben in einer Weise, die unter allen Thierkämpfen die größte Aehnlichkeit mit einer menschlichen Kriegstaktik hat. Wer jemals einen Kriegszug der rothen Amazonenameise (Polyergus rufescens) oder der blutrothen Raubameise beobachtet hat [1], wird darüber nicht mehr im Zweifel sein. Die Amazonenameisen ziehen in großen, geschlossenen Colonnen auf den Kriegspfad, die blutrothen Raubameisen in kleinern, losen Trupps; beide, besonders aber die Amazonen, streben danach, durch einen heftigen Angriff das feindliche Nest zu erstürmen und den numerisch überlegenen Gegner durch den plötzlichen Ueberfall zu verblüffen und in die Flucht zu schlagen. Dies gelingt ihnen auch meist vortrefflich. Schon Forel hat in seinen „Ameisen der Schweiz" (1874) manche Beispiele hierfür berichtet, von denen wir hier einiges mittheilen wollen [2]. Wenn Forel einen Sack mit einer Kolonie der schwarzrückigen Wiesenameise (Formica pratensis), die an Körpergröße und Körperkraft der Amazone überlegen ist, in die Nähe eines Amazonennestes hinbrachte, stürzten sich zuerst einzelne Amazonen wüthend mitten unter die Tausende von Feinden; ihrer zwanzig genügten meist schon, um eine fünfzigmal größere Zahl von pratensis in die Flucht zu werfen. Ein andermal kam eine Amazonenarmee eben von einem Raubzuge gegen ein Sklavennest nach Hause und legte ihre Beute an Ameisenpuppen dort ab, um wieder zu einer neuen Expedition auszuziehen, als Forel einen großen Sack mit Formica pratensis einen Meter vom Neste der Amazonen entfernt in der Richtung ihres Zuges ausleerte. In drei Minuten war die ganze Armee der Amazonen um das unverhofft erschienene feindliche Lager versammelt, erstürmte es in einem Augenblick, vertrieb die pratensis und plünderte deren Haufen, um die Cocons nach Hause zu tragen. Die Affenhorden, die ähnliches Kriegertalent besitzen, möchte ich gerne kennen lernen.

Bezeichnend für die Kriegstaktik jener Ameisenarten, welche zum Raube von Sklavenpuppen Kriegszüge veranstalten (Polyergus rufescens und Formica sanguinea), ist es ferner, daß sie die feindlichen Ameisen nur soweit tödten, als diese sich zur Wehr setzen. Fliehende Formica fusca oder rufibarbis werden nur verfolgt, um ihnen die Larven und Puppen abzunehmen; nicht um Mord ist es den Siegern zu thun, sondern

---
[1] Seit dem Erscheinen des Buches „Die zusammengesetzten Nester und gemischten Kolonien der Ameisen" (1891) habe ich in Lainz bei Wien noch eine Reihe von Polyergus-Expeditionen beobachtet und außerdem manche sanguinea-Expeditionen bei Wien und in holländisch Limburg u. s. w.
[2] Fourmis de la Suisse p. 306.

um die Beute. Wenn Affen oder andere höhere Thiere bei ihren Kämpfen ähnlich verführen, so würden unsere modernen Entwicklungstheoretiker nicht ermangeln, Betrachtungen wie folgende anzustellen: „Hier finden wir bereits die ersten Stufen von echt menschlicher Humanität, welche unnöthiges Blutvergießen scheut; nicht der Kampf ist der bewußte Zweck, den diese Thiere verfolgen, sondern die Früchte des Sieges" u. s. w. Bei den Ameisen gesteht man zu, daß derartige Reflexionen eine lächerliche Vermenschlichung des Thieres enthalten; bei den Affen dagegen würde man es um keinen Preis zugeben wollen, nicht etwa weil die psychischen Aeußerungen wirklich verschieden sind, sondern vielmehr — aus Liebe zur Entwicklungstheorie.

Das Kriegstalent der Amazonen (Polyergus) ist ohne Zweifel das glänzendste nicht bloß unter allen Ameisen, sondern einfachhin unter allen Thieren. Es übertrifft noch bei weitem die Kriegstaktik der blutrothen Raubameisen (Formica sanguinea), obwohl letztere in ihrem ganzen Wesen eine viel vollkommenere Entwicklung der sogen. „individuellen Intelligenz", d. h. der zweckmäßigen Verwerthung der Sinneswahrnehmungen, bekunden, während die Amazonen in ihrem Privatleben die dümmsten und hilflosesten „Instinctwesen" sind, die man sich nur denken kann. Obwohl sie durch Lecken nach Art der übrigen Ameisen flüssige Nahrung zu sich nehmen können, so haben sie doch den Instinct der selbständigen Nahrungsaufnahme fast ganz verloren und verhungern, wenn sie nicht aus dem Munde ihrer Sklaven gefüttert werden. Diese Thatsache beweist überzeugend, daß auch bei den glänzendsten Kriegsthaten der Amazonen keine Spur von wirklicher individueller Intelligenz betheiligt sein kann, sondern bloß instinctive Sinnesfähigkeiten; denn einem Thiere, das nicht einmal in der äußersten Nothlage sein Hungergefühl mit der Wahrnehmung der Nahrung und dem Triebe zur Nahrungsaufnahme zu verbinden weiß, kann man doch nicht einmal den allerniedrigsten Grad von Ueberlegungsfähigkeit zuschreiben. „Ein Wesen, das selbst fressen kann, und trotzdem das Fressen verlernt hat, das ist die größte Ironie auf die Thierintelligenz."[1]

Gegen diese Schlußfolgerung hat Herr Dr. Smalian[2] einen Einwand erhoben, den wir hier prüfen wollen. Er findet unsere Argumentation „hinfällig" und sucht dies folgendermaßen zu beweisen: „Woher

---

[1] Die zusammengesetzten Nester und gemischten Kolonien der Ameisen S. 204.
[2] Altes und Neues aus dem Leben der Ameisen S. 42.

weiß Wasmann denn, daß Polyergus fressen kann? Seine Stütze ist ein Analogieschluß von der Beschaffenheit der Freßwerkzeuge auf das Fressenkönnen. Und er berichtet, daß er einmal Polyergus habe selbständig sich ernähren sehen; allein die Sache ist doch nicht zweifelsohne, da man in diesem Falle, wo die Thiere sonst nie fressen, sondern stets gefüttert werden, nicht wissen kann, ob die berührte Nahrung auch wirklich aufgenommen wurde."

Dieser Einwand Smalians ist nur daraus erklärlich, daß er die Lebensweise von Polyergus nicht aus eigener Anschauung kennt; sonst würde er gegen unsere Beweisführung schwerlich etwas einzuwenden vermögen. Er hat ferner die von ihm angefochtenen Beweismomente nicht vollständig wiedergegeben. Allerdings hatten wir auch aus der anatomischen Beschaffenheit der Mundtheile dieser Ameise den Schluß gezogen, daß keine organische Unmöglichkeit der selbständigen Nahrungsaufnahme bei Polyergus im Wege stehe; das Hauptargument war jedoch die biologische Thatsache, daß die Amazonen wirklich manchmal an flüssiger Nahrung lecken, wenn ihre untern Mundtheile zufällig mit derselben in Berührung kommen. Diese Beobachtungsthatsache hat Herr Smalian unterschätzt. Nicht bloß einmal, sondern wiederholt habe ich gesehen und mit der Lupe genau verfolgt, wie eine Amazone, die ihre Oberkiefer in eine Ameisenpuppe gebohrt hatte, den aus der Wunde fließenden Saft mit ihrer Zunge aufleckte und mit diesem Lecken oft lange Zeit sich beschäftigte. Da aber die Nahrungsaufnahme bei den Ameisen überhaupt nur durch Lecken erfolgt, so ist es schwer begreiflich, weshalb man in diesem Falle nicht soll wissen können, ob die berührte Nahrung auch „wirklich aufgenommen wurde".

Ferner scheinen Herrn Dr. Smalian die an der von ihm citirten Stelle jenes Buches (S. 72—79) ebenfalls angeführten Beobachtungen von Ablerz entgangen zu sein, welcher gleich mir constatirt hat, daß die Amazonen nicht selten feuchte Niederschläge von der Glaswand des Nestes auflecken. Daß die Amazonen selbständig Nahrung zu sich nehmen können, ist somit eine Beobachtungsthatsache, die sich nicht beseitigen läßt. Warum verhungern sie also trotzdem, wenn man sie mit Honig und schmackhaften Ameisenpuppen in ein Gläschen einsperrt und dadurch von ihren Sklaven trennt, von denen sie gefüttert zu werden pflegen? Die einzig mögliche und einzig psychologisch richtige Antwort lautet: weil ihr Nahrungsbedürfniß sie nicht — wie andere Thiere — dazu antreibt, selber Nahrung zu suchen, sondern bloß dazu, andere Ameisen durch

Fühlerschläge um Nahrung anzubetteln. Die sinnliche Wahrnehmung der unmittelbar vor ihnen befindlichen Nahrung erregt in ihnen trotz des Hungergefühles nicht mehr den natürlichen Trieb, an dieser Nahrung zu kosten: der Instinct der selbständigen Nahrungssuche und selbständigen Nahrungsaufnahme ist bei diesen Ameisen völlig verkümmert; sie sind gänzlich abhängig geworden von der Fütterung durch ihre Sklaven. Wir fragen Herrn Smalian und die übrigen Freunde der Thierintelligenz nochmals: Ist es möglich, daß ein Wesen, welches auch nur eine Spur von Intelligenz besitzt, nicht mehr dazu im stande sein soll, die Sinneswahrnehmung der geeigneten Nahrung mit dem Hungergefühle in zweckmäßiger Weise zu verbinden? Es bleibt also trotzdem dabei: ein Wesen, das selbst fressen kann, und trotzdem das Fressen „verlernt hat", das ist die größte Ironie auf die Thierintelligenz!

Das glänzende Kriegertalent der Amazonenameisen ist somit eine rein instinctive Fähigkeit, an deren Bethätigung keine Spur von individueller Intelligenz betheiligt sein kann. Wie gerade die wunderbarsten und für einen oberflächlichen Blick intelligenzähnlichsten Aeußerungen des thierischen Seelenlebens bei näherer Prüfung sich als evidente Beweise für den individuellen Unverstand der Thiere herausstellen, so ist es auch hier: je heller das Licht, desto dunkler die Schatten.

Mit größerem Rechte als bei den rothen Amazonen könnte man bei der blutrothen Raubameise (Formica sanguinea) an eine hervorragende Betheiligung der individuellen Intelligenz bei ihren Kriegszügen denken. Wenn einzelne umherstreifende sanguinea ein Sklavennest aufgespürt haben, so bringen sie die Kunde davon nach Hause; ist dann die zur Expedition günstige Zeit gekommen, so sind sie es, welche die Richtung des Zuges bestimmen. An dem feindlichen Neste angekommen, wird dasselbe meist nicht blind angegriffen, sondern oft förmlich umstellt; während ein Trupp in dasselbe stürmisch einbringt, spüren andere aufmerksam rings um das Nest und nehmen den fliehenden Nestbewohnern die Larven und Puppen ab, auf welche die Räuber es einzig abgesehen haben. Das ist recht klug von den sanguinea und sieht sehr intelligent aus. Wenn eine Affenhorde im Kriege mit einer andern Affenhorde das von der letztern bewohnte Gehölz umstellen würde, und während ein Theil der Angreifer in das Gehölz einbringt, ein anderer Theil die Fliehenden gleichsam aus dem Hinterhalte abzufangen suchte — wie würden unsere modernen Entwicklungstheoretiker sich über diese Affen freuen! Einen solchen Beweis der Thierintelligenz würden sie für ganz unwiderleglich halten und keinen

2. Die Kriegszüge der Amazonenameise und der blutrothen Raubameise. 33

Zweifel daran aufkommen lassen, daß es sich um eine „intelligente Kriegs= list" handle. Aber leider sind es keine Affen, welche derartige Kriegslisten besitzen, sondern bloß Ameisen; Ameisen, deren Gehirnentwicklung „selbst= verständlich keinen Vergleich mit derjenigen der höhern Säugethiere aus= halten kann"! Wenn die Gehirnentwicklung die eigentliche Ursache der Intelligenz ist, dann müßten allerdings die Affen mindestens ebenso in= telligent sein als die Ameisen, ja noch viel intelligenter. Thatsächlich ist aber eher das gerade Gegentheil der Fall; das dürfte für die modernen Entwicklungstheorien doch bedenklich sein.

Kehren wir nun zurück zur Kriegstaktik der blutrothen Raubameisen. Was das Auskundschaften der zu überfallenden Nester angeht, so theilen sie diesen Charakterzug ihrer Taktik mit den Amazonen. Auch bei letztern ziehen, besonders nach Forels und meinen Beobachtungen, manchmal einzelne Individuen aus, welche die Sklavennester vorher aufspüren und dadurch der ganzen Amazonenarmee es ermöglichen, nicht selten eine Strecke von 30 Meter und darüber in fast kerzengerader Linie auf das Ziel der Ex= pedition in geschlossener Colonne loszumarschiren; es ist dies eine über= raschende und auf andere Weise unerklärliche Thatsache, welche Forel und ich wiederholt beobachtet haben. Bei den Amazonen aber kann dieses Kundschaftssystem mit individueller Intelligenz nichts zu thun haben, son= dern bloß mit instinctiven Sinnesfähigkeiten; das haben wir vorhin aus= reichend bewiesen. Daraus ergibt sich aber die nothwendige Folgerung, daß auch bei den blutrothen Raubameisen ihr sinnliches Instinctleben völlig genügt, um dieselbe Thatsache zu erklären. Intelligenz im eigent= lichen Sinne zu ihrer Erklärung herbeizuziehen, wäre somit eine willkür= liche Vermenschlichung des Thieres.

Der andere scheinbar höchst intelligente Zug in der Kriegführung von Formica sanguinea ist ihre Sitte, in kleinern, voneinander mehr oder minder unabhängig operirenden Trupps auszuziehen, welche sich erst dann vereinigen, wenn einer derselben irgendwo besonders heftigen Wider= stand findet. Da die meisten Kolonien der schwarzgrauen Ameise (F. fusca), welche der gewöhnliche Gegenstand ihrer Raubzüge ist, nur eine schwache Bevölkerungszahl besitzen und zudem vor dem heftigen Ansturm der Blut= rothen schon gleich anfangs das Hasenpanier zu ergreifen pflegen, ist jene Divisionstaktik von F. sanguinea für die durchschnittlichen Verhält= nisse eine offenbar zweckmäßige. Handelt es sich aber um den Angriff auf ein ungewöhnlich volkreiches und widerstandstüchtiges Nest von F. fusca oder auf ein großes Nest der viel kampflustigern F. rufibarbis, so wird jene Taktik nicht selten für einen beträchtlichen Theil der angreifenden sanguinea verhängnißvoll. Der erste Trupp der Raubameisen, der sich an das feindliche Nest herangewagt hat, wird dann von den Vertheidigern mit bedeutender Uebermacht angefallen und verliert viele Todte, bevor es einzelnen zurückeilenden Räubern möglich ist, andere Truppen zur Unterstützung herbeizuholen. Wenn bei der Kriegführung von Formica sanguinea eine eigentliche Intelligenz, eine verständige Ueberlegung der einzelnen Individuen im Spiele wäre, so würden sie doch so viel Klugheit und Vorsicht besitzen, daß sie sich vorher über die Stärke des anzugreifenden Feindes genauer unterrichteten. Auf besonders starke Sklavennester würden sie dann keinen Angriff wagen, bevor sie in stärkerer Truppenzahl beisammen sind; sie würden dann über dasselbe gleich den Amazonen in geschlossener Masse von vielen Hunderten oder einigen Tausenden zugleich herfallen und die feindliche Stellung ohne erhebliche Verluste im ersten Ansturm erobern. Warum kommt eine solche Abänderung der Taktik bei den blutrothen Raubameisen niemals vor? Eine Räuberkolonie, welche schon viele Jahre nacheinander die Sklavennester der Umgegend gebrandschatzt und Erfahrungen über die verschiedene Widerstandsfähigkeit der verschiedenen feindlichen Kolonien gemacht hat, könnte sich ja mit Leichtigkeit die verschiedene Stärke der letztern merken und dieselben nach Maßgabe der frühern Erfahrungen mit geringerer oder größerer Truppenmacht angreifen. Da eine einzelne Arbeiterameise mindestens drei Jahre oder noch bedeutend länger zu leben pflegt, wäre eine derartige intelligente Verwerthung früherer Erfolge oder Mißerfolge um so leichter möglich. Trotzdem findet sich jedoch thatsächlich keine Spur davon. Formica sanguinea bleibt ein für allemal bei ihrer altgewohnten Taktik, in kleinern, losen Trupps auszuziehen, und wenn sie sich dabei auch noch so oft blutige Köpfe holen sollte. Für einen vorurtheilsfreien Psychologen bieten derartige Thatsachen einen hinreichenden Beweis dafür, daß die Kriegführung von F. sanguinea gleich derjenigen von Polyergus **bloß auf erblichen Instincten, nicht auf Intelligenz der Einzelwesen beruht.** Sie ist keine Erfindung der Ameisenintelligenz; sonst würde dieselbe Intelligenz der Ameisen sie auch vervollkommnen und weiterbilden können. Ja noch mehr: die Annahme einer Ameiseninteligenz steht im Widerspruche mit der Thatsache, daß jene Taktik sich **specifisch constant bleibt und überall specifisch dieselbe ist**, soweit das geographische Verbreitungsgebiet von F. sanguinea reicht.

2. Die Kriegszüge der Amazonenameise und der blutrothen Raubameise.

Auch diese Schlußfolgerung hat Herr Dr. Smalian zu entkräften gesucht. Vernehmen wir seinen Einwand[1]. „Als völlig verfehlt wird man aber Wasmanns Forderung[2] ansehen müssen, daß sanguinea, welche stets in kleinen Trupps angreift und deshalb von großen Trupps fusca oder rufibarbis leicht überwunden werden kann, ihre Taktik verändern solle. Die Taktik ist ebensogut angeboren, also instinctiv, wie der Trieb zum Rauben."

Herr Dr. Smalian ist im Irrthum, wenn er meint, wir verlangten wirklich von Formica sanguinea, daß sie ihre erbliche instinctive Taktik abändern sollte. Dieses Verlangen ist eine der wohlbekannten Argumentationen ex absurdo, welche der Herr Kritiker mißverstanden zu haben scheint. In der — von Smalian angenommenen, von uns allerdings für unrichtig gehaltenen — Voraussetzung, daß die Ameisen neben dem Instincte auch einen gewissen Grad von wirklicher Intelligenz besitzen, ist es vollkommen gerechtfertigt, zu verlangen, daß diese Intelligenz sich auch äußere, sich bethätige. Diese Bethätigung müßte aber nothwendig in einer den jeweiligen Umständen entsprechenden intelligenten Abänderung der nur in ihren Grundzügen angeborenen Taktik, und deshalb in einer allmählichen Vervollkommnung derselben bestehen. Von einer Vervollkommnung ist aber keine Spur vorhanden, also schließen wir mit Recht: Die blutrothen Raubameisen haben bloß Instinct, sie haben keinen Verstand. Diese Argumentation wird man wohl nicht im Ernste als „völlig verfehlt" bezeichnen wollen.

Ueberall, wo die blutrothe Raubameise sich findet, hat sie auch die Sitte, die Nester bestimmter kleinerer Formica-Arten zu überfallen und die geraubten Arbeiterpuppen, wenigstens zum Theile, als Gehilfinnen für ihre eigene Kolonie zu erziehen. Auch die im Vergleich zur Amazonenameise verhältnißmäßig geringe Zahl der Sklaven in den Nestern von Formica sanguinea ist ein überall sich gleich bleibender Charakterzug; bei erstere sind die Sklaven weit zahlreicher als die Herren in den einzelnen Räuberkolonien vertreten, bei letzterer umgekehrt. Gleich constant ist auch überall die specifische Kriegstaktik der blutrothen Raubameise ebenso wie jene der Amazonenameise. Von den Alpen bis England und Skandinavien, von Holland bis zum Kaukasus ist die Lebensweise von F. sanguinea überall dieselbe. Auch ihre nordamerikanische Unterart (rubicunda Em.) hat denselben Sklavereiinstinct in derselben specifischen Form;

---
[1] A. a. O. S. 41.
[2] Die zusammengesetzten Nester 2c. S. 203.

nur ist eine der beiden europäischen Sklavenarten dort durch eine andere, verwandte Art vertreten[1]. Da Nordamerika von Europa schon seit der Tertiärzeit getrennt ist, muß der Sklaveninstinct der blutrothen Raubameise und ihre Kriegstaktik wohl schon im Tertiär gerade so gewesen sein wie heute; dadurch ist die specifische Gleichförmigkeit jenes Instinctes in den verschiedenen Erdtheilen am natürlichsten erklärt. Eines aber ist ganz sicher: beruhte die Neigung zum Sklavenraub und die specielle Kriegstaktik von Formica sanguinea auf der Intelligenz der Ameisen oder wäre sie auch nur mit einer Intelligenz der Ameisen verbunden, so würde eine derartige schon seit Jahrtausenden bestehende specifische Gleichförmigkeit völlig undenkbar sein.

3. Der vorgebliche „Automatismus" im Seelenleben der Ameisen.

Individuelle Intelligenz ist also weder bei dem Sklavenraub der Ameisen noch bei ihrer Kriegstaktik betheiligt. Dennoch ist die Ausübung dieser Instincte nicht einförmig im mathematischen Sinne; da sie durch die wechselnden sinnlichen Wahrnehmungen und individuellen Zustände der einzelnen Ameisen beeinflußt und geleitet wird, zeigt sie innerhalb der specifischen Grenzen eine mannigfaltige Veränderlichkeit. Gegenüber jenen Thierpsychologen, welche die Ameisen im Gegensatze zu den höhern Thieren als „Instinctautomaten" bezeichnen, müssen wir nachdrücklich darauf aufmerksam machen, daß die Instincte der Ameisen nicht mehr und nicht minder „automatisch" sind als die Instincte der Hunde und der Affen und anderer Wirbelthiere. Von Intelligenz im eigentlichen Sinne des Wortes ist bei letztern ebensowenig, ja vielfach noch weniger zu entdecken als bei den Ameisen; mannigfaltige Verschiedenheiten der individuellen Charaktere und der individuellen, von verschiedenen Sinneswahrnehmungen und verschiedenen Sinneserfahrungen bestimmten Handlungsweise begegnen uns aber auch bei den Ameisen, nicht bloß bei den höhern Säugethieren.

Wenn wir den Stein oder die Heidekrautscholle, welche ein mittelstarkes Nest von Formica sanguinea bedeckt, umwenden und dadurch das Nestinnere plötzlich dem Lichte aussetzen, entsteht ein gewaltiger Tumult unter der Bewohnerschaft. Ein Theil der Ameisen stürzt wüthend auf den Friedensstörer los und bedeckt ihn mit Bissen und Giftsalven;

---

[1] Vgl. Wasmann, Kritisches Verzeichniß der myrmekophilen und termitophilen Arthropoden (1894), S. 163 ff.

3. Der vorgebliche „Automatismus" im Seelenleben der Ameisen.

ein anderer Theil nimmt sich der gefährdeten Brut an und trägt die Eier, Larven und Puppen eilig in die tiefer gelegenen, dunkeln Nestkammern hinab; andere Individuen derselben Kolonie scheinen trotz des heroischen Muthes ihrer Raubameisennatur gerade keine Lust zur Vertheidigung des Vaterlandes zu haben, und flüchten sich unter Grasbüschel und Schollen in der Nachbarschaft, um sich zu verstecken; ja manchmal duckt sich sogar eine sanguinea mitten unter den kämpfenden, rettenden und flüchtenden Gefährtinnen regungslos auf den Boden und nimmt, wenn auch meist nur für kurze Zeit, zu der instinctiven List der Bewegungslosigkeit oder des „Scheintodes" ihre Zuflucht; andere sanguinea desselben Nestes endlich scheinen im Gegensatze zu den vorigen von einem sonderbaren Gemisch von Kampflust und Furcht, von einer Art ohnmächtiger Wuth erfaßt zu sein, die es nicht wagt, den wirklichen Gegner anzugreifen, dafür aber an andern Gegenständen ihren Zorn ausläßt: sie rutschen mit gespreizten Beinen und gesenktem Kopfe auf dem Boden umher, beißen wüthend in den Sand, dann wieder in einen Heidekrautstengel, aber nur nicht in den Finger des großen menschlichen Ungethüms, welches ihnen ihre Lomechusa und andere liebe Gäste aus dem Neste holt. Derartige Scenen wie die eben geschilderte habe ich vielhundertmal beobachtet und bin so daran gewöhnt, daß ich sie ganz selbstverständlich finde; und doch sind sie von der größten Bedeutung für den Vergleich der Seelenfähigkeiten der Ameisen mit denjenigen der höhern Thiere. Kein Rudel von Wölfen und keine Horde von Affen vermöchte bei ähnlichem Anlaß eine größere Mannigfaltigkeit der individuellen Charaktere und des individuellen Handelns zu entwickeln als eine Kolonie der blutrothen Raubameise. Und doch sollen die Ameisen „Instinctautomaten" sein, die Wölfe und Affen aber nicht!

Wenn ein Hund in den Stein beißt, mit dem nach ihm geworfen wurde, handelt er in seiner blinden Wuth ebenso „automatisch" wie eine Raubameise, welche an den Rändern einer Glasröhre ihren Zorn ausläßt, so daß man das Knirschen ihrer Kiefer hört. Und wenn bestimmte Individuen einer Ameisenkolonie auf Grund ihrer Sinneserfahrungen besondere Neigungen und Charakterzüge erwerben, welche bei andern Individuen derselben Kolonie fehlen, so handeln sie ebensowenig „automatisch" wie die Hunde und Affen und andere höhere Säugethiere. Nur zwei interessante Beispiele dafür sollen hier noch mitgetheilt werden.

In dem auf S. 15 abgebildeten Beobachtungsneste von Formica sanguinea waren anfangs einige in dasselbe gesetzte Käfer, Dinarda dentata, als indifferent geduldete Gäste wie gewöhnlich ohne Schwierigkeiten aufgenommen worden und hatten sich in dem Neste auch fortgepflanzt. Nachdem ich jedoch einigemal eine etwas größere Dinarda-Art, D. Maerkelii, welche bei Formica rufa lebt, hineingesetzt, und es einigen kleinen sanguinea und deren Sklaven gelungen war, den für gewöhnlich wegen seiner „Trutzgestalt"[1] unangreifbaren Käfer an den Fühlern zu erhaschen und zu tödten, ist bei einer Anzahl Ameisen dieser gemischten Kolonie eine selbst für die kleinere Dinarda dentata schließlich verhängnißvolle Neigung zum Dinarda-Fang entstanden. Nicht alle Individuen der verschiedenen Ameisenarten jener Kolonie haben diese sonderbare Leidenschaft sich angeeignet. Unter 12 Arbeiterinnen von Formica sanguinea, die ich aus diesem Beobachtungsneste in ein kleines Versuchsnest zu 7 Dinarda Maerkelii gesetzt hatte, war nur eine Dinarda-Jägerin. Während die übrigen sich gegen die Käfer völlig gleichgiltig verhielten, eröffnete diese eine Ameise sofort nach ihrer Ankunft eine eifrige Jagd auf die Dinarda; hätte ich sie nicht bald aus dem kleinen Neste entfernt, so würde sie durch den Nachahmungstrieb wahrscheinlich auch manche ihrer Gefährtinnen zur Theilnahme an dieser Verfolgung verleitet haben, was ich früher mehrmals beobachtete; deßhalb nahm ich das jagdlustige Individuum heraus und sicherte dadurch thatsächlich das friedliche Verhältniß der übrigen in demselben Versuchsnest befindlichen Ameisen (11 sanguinea, 2 rufibarbis, 2 fusca) zu den Dinarda Maerkelii. In dem großen Beobachtungsneste, aus dem jene Individuen entnommen waren, dauerte die Dinarda-Verfolgung, die mit der Jagd auf Dinarda Maerkelii im März 1896 begonnen hatte, gegen Dinarda dentata fort bis in den November desselben Jahres, wo die alte indifferente Duldung zwischen den Ameisen und diesem Gaste allmählich wiederkehrte.

Ein anderes Beispiel für den Einfluß der Sinneserfahrung der Ameisen auf die Erwerbung individueller Charaktereigenthümlichkeiten beobachtete ich an einer Formica rufibarbis derselben gemischten Kolonie. Es war eine durch ihre Kleinheit leicht kenntliche Arbeiterin; sie pflegte regelmäßig die Glaskugel des Fütterungsrohres[2] zu besuchen und dort an Honig oder Zucker zu lecken, um nachher ihren Vorrath an die andern Nestgenossen aus dem Kröpfchen mitzutheilen. Diese Ameise war, obwohl

---

[1] Vgl. hierzu Wasmann, „Dinarda-Arten oder -Rassen" in: Wien. Entom. Ztg. 1896, 4. und 5. Heft, und „Die Myrmekophilen und Termitophilen" S. 485 (Extr. du Compt. Rend. du troisième Congrès intern. de Zool. Leyden 1896).

[2] Siehe die Abbildung S. 15.

3. Der vorgebliche „Automatismus" im Seelenleben der Ameisen.

Formica rufibarbis eine der reizbarsten und kampflustigsten Arten ist, nach und nach so zahm geworden, daß sie mir „aus der Hand fraß". Wenn ich nämlich den Korkpfropfen, der die Glaskugel verschloß, entfernte, kam sie heraus und suchte auf der Außenseite derselben nach Futter. Nun näherte ich ihr erst eine in Honig getunkte Nadelspitze. Anfangs schrak sie zurück, nach einigen Sekunden der Zögerung näherte sie sich jedoch mit prüfenden Fühlerbewegungen und leckte den Honig ab. Später bot ich ihr den Honig unmittelbar von meiner Fingerspitze. Die Ameise war bereits so zahm geworden, daß der Geruch des Fingers, der sie sonst in Kampfeswuth oder in Furcht versetzt haben würde, sie gar nicht mehr störte. Sie leckte ruhig den Honig von der Fingerspitze ab und ließ sich dann, ohne Gegenwehr oder Fluchtversuch, mit einer Pincette an einem Hinterbeine aufnehmen und in das Nest zurücksetzen. Daß auch die Ameisen trotz ihrer Wildheit zähmbar sind, dürfte hierdurch bewiesen sein. Ebenso wie bei den höhern Thieren, beruht auch die Zähmbarkeit der Ameisen auf dem sinnlichen Wahrnehmungs- und Vorstellungsvermögen der Thiere, dessen die Intelligenz des Menschen sich nach ihrem Plane bedient.

Wie ein kleiner Hund in Gesellschaft seines Herrn oder eines stärkern befreundeten Hundekameraden vor einem Rivalen sich nicht fürchtet, dem er sonst scheu ausweichen würde, so benehmen sich auch die kleinen schwarzgrauen Sklavenameisen (Formica fusca) in der Gesellschaft der blutrothen Raubameisen. Während sie in ihren selbständigen Kolonien meist sehr feige sind, bei Eröffnung des Nestes sofort fliehen und mit ihrer Brut sich verbergen, gehören sie als Hilfsameisen von Formica sanguinea zu den muthigsten Vertheidigern der gemischten Kolonie, wie ich oft genug an meiner eigenen Haut erfahren habe. Gleichwie der instinctive Kampfesmuth der sonst so feigen Formica fusca in den gemischten Kolonien von Formica sanguinea aus der sinnlichen Wahrnehmung der großen Zahl kampftüchtiger Gefährtinnen und aus dem Gefühl der Zusammengehörigkeit mit diesen psychologisch zu erklären ist, ohne daß wir eine vernünftige Ueberlegung von seiten der kleinen schwarzen Ameisen herbeiziehen dürfen, so verhält es sich auch mit den sehr verschiedenen Graden des Muthes, die man bei Kolonien der blutrothen Raubameise findet. Wohnt eine starke Völkerschaft in dem morschen Kiefernstrunk, auf dessen abgehauener Oberfläche wir gerade einige der Blutrothen umherlaufen sehen, so genügt ein Fußtritt, um im Nu eine kampfbereite Ameisenarmee aus dem Neste hervorzucommandiren: sofort ist die Oberfläche des Strunkes mit Tausenden wüthend hin und her eilender Ameisen bedeckt. Ist die Kolonie dagegen schwach, so hat derselbe Fußtritt, welcher sonst eine ganze Armee aus der Erde zu stampfen vermag, gerade die entgegengesetzte Wirkung: die Ameisen, welche sich eben noch auf der Oberfläche des Baumstrunkes umhertrieben, sind sofort in den Nesteingängen verschwunden, und alles ist mäuschenstill. Wenn man eine derartige zweckmäßige Abschätzung der Truppenstärke der eigenen Kolonie bei den Ameisen nur als instinctiv gelten läßt — was ohne Zweifel die einzig richtige Erklärung ist —, so muß man ähnliche Erscheinungen auch bei den höhern Thieren auf Instinct und nicht auf Intelligenz zurückführen [1].

Der Kampfesmuth der einzelnen Ameisen einer Kolonie ist jedoch keineswegs allein abhängig von der Wahrnehmung der großen Zahl und des Kampfesmuthes der Gefährtinnen. Auch in starken Kolonien von kampflustigen Arten wie Formica sanguinea zeigen sich immer noch erhebliche Unterschiede des individuellen Muthes, wie bereits oben (S. 36) erwähnt wurde. Manchmal nehmen es sogar einzelne, isolirte Individuen mit einem numerisch bedeutend überlegenen Gegner auf. Ein solches Beispiel von „Heroismus", das bei den Hunden, Löwen und Tigern kaum seinesgleichen haben dürfte, berichtet Rothney[2] aus Bengalen. Eine mittelgroße Arbeiterin einer großen schwarzen Ameisenart (Camponotus compressus) band allein mit einer ganzen Kolonie einer kleinen rothen Ameise (Solenopsis geminata) an. Ohne ihren Platz zu verlassen, blieb sie von 4½ Uhr nachmittags bis in die Nacht hinein vor dem Nesteingange der Solenopsis, packte die hervorkommenden Ameisen mit ihren Kiefern und biß sie entzwei. Endlich unterlag sie der Uebermacht und büßte ihre Tollkühnheit mit dem Leben, nachdem sie 150—200 ihrer Feinde getödtet hatte. Wir überlassen es den modernen Verehrern der Thierintelligenz, diesem sechsbeinigen Leonidas ein Denkmal zu setzen.

---

[1] Forel berichtet (Un aperçu de Psychologie comparée [1896] p. 25) ein Beispiel dafür, daß eine sehr starke Kolonie von Camponotus ligniperdus im Kampfe mit Formica pratensis sich kriegerischer benahm, als es bei den gewöhnlichen Kolonien dieser Art vorzukommen pflegt. Wenn Forel daraus auf die „Plasticität" der psychischen Fähigkeiten der Ameise schließt, so stimmen wir ihm völlig bei. Die obigen von uns berichteten Beobachtungen beweisen ja ebendasselbe. Irrthümlich ist es jedoch, wenn Forel diese Plasticität des sinnlichen Erkenntniß- und Strebevermögens für wesentlich gleichartig mit der menschlichen Intelligenz hält, wie wir bereits in unserer frühern Schrift „Instinct und Intelligenz im Thierreich" gezeigt haben.

[2] Notes on Indian ants p. 349 (Transact. Entom. Soc. London 1889).

3. Der vorgebliche „Automatismus" im Seelenleben der Ameisen.

Man braucht übrigens nicht bis nach Bengalen zu reisen, um solche Beispiele von „Heroismus" einzelner Ameisen zu finden; auch auf der deutschen und holländischen Heide gibt es deren genug. Bei heißem Wetter lassen sich nicht selten vereinzelt umherstreifende Arbeiterinnen der blutrothen Raubameise in einen erbitterten Kampf ein mit Kolonien von Lasius niger oder Tetramorium caespitum, die in der Nähe ihres eigenen Nestes wohnen, und fallen schließlich, wenn sich zu viele Gegner an sie angeklammert haben, ihrer Verwegenheit zum Opfer. Harmloser, aber psychologisch nicht minder merkwürdig war eine Scene, die ich am 15. August 1894 auf einem Nachmittagsspaziergange bei Exaeten beobachtete. Eine große Arbeiterin von Formica sanguinea vergnügte sich eine Viertelstunde lang damit, eine Kolonie von kleinen rothen Knotenameisen (Myrmica scabrinodis) ganz allein zu blockiren. Sie lauerte an deren Nesteingang, packte eine der hervorkommenden Rothen nach der andern beim Kragen, trug sie schnell einige Centimeter weit fort und ließ sie dann wieder fallen, um sofort an den Eingang zurückzuspringen, mit raschem Griffe wiederum eine Rothe zu holen und sie abermals an die Luft zu setzen. Die Myrmica leisteten ihr fast gar keinen Widerstand, obgleich mehrere Dutzend in und um den Nesteingang versammelt waren; nur die eine oder andere machte den mißglückten Versuch, ein Bein des Störenfrieds zu packen. Sie hatten bei ihrem harten Chitinpanzer auch nicht so viel von den Kiefern der Raubameise zu fürchten, zumal dieselbe sich gar nicht die Zeit ließ, mit den einzelnen Gegnern sich länger zu befassen. Es war ein ungemein komischer Anblick, mit welch unermüdlichem Eifer und mit welcher Hast die große Ameise eine der kleinen nach der andern holte und forttrug, während die fortgetragenen langsam wieder nach Hause krochen. Was die Raubameise zu diesem neckischen Scharmützel mit den Myrmica bewog, ist natürlich schwer zu sagen. Vielleicht war es bloße Rauflust, die sie dabei beherrschte; daß sie die einzelnen Myrmica so rasch wiederum losließ, könnte man aus der Furcht vor dem Stachel erklären, den diese besitzen. Wahrscheinlicher ist es jedoch, daß der Raubameise der Nesteingang von Myrmica gefiel, und daß sie deßhalb den Versuch machte, die Bewohner zu expropriiren. Sie verrichtete allerdings eine Sisyphusarbeit, weil sie die Rothen immer nur einige Centimeter weit vom Neste forttrug und überdies stets neue aus dem Neste nachkamen; aber das schien ihr ganz gleichgiltig zu sein.

Es wäre lächerlich, derartige Vorgänge willkürlich zu vermenschlichen und der Ameise dabei alle möglichen „intelligenten Absichten" nach Art der vulgären Psychologie zu unterschieben. Andererseits jedoch ist es un­läugbar, daß ein „mechanischer Automatismus" des Instinctes zu ihrer Erklärung nicht ausreicht. Nur ein sinnliches Erkenntniß- und Strebe­vermögen, welches unter dem Einfluß der äußern Sinneswahrnehmungen und der innern, subjectiven Gefühlszustände die mannigfaltigsten will­kürlichen Thätigkeiten verursacht, gibt eine befriedigende psychologische Lö­sung. Das gilt ebensogut für die Handlungsweise der Ameisen wie für jene der Hunde und der Affen.

Wer etwa Beobachtungen wie die obengeschilderte mit Groos[1] unter die Rubrik der „Jagdspiele" oder der „Kampfspiele" der Thiere bringen will, mag es immerhin thun. Die betreffenden Erscheinungen verdienen diesen Namen vielleicht ebensogut wie die Jagdspiele oder die Kampfspiele der höhern Thiere; nur ist die sichere Deutung der betreffenden That­sachen meist viel schwieriger als bei letztern. Unter den Ameisenklumpen, die sich auf der Oberfläche der Nester von Formica rufa und pratensis in der warmen Frühlingssonne ansammeln, habe ich wiederholt harmlose Balgereien beobachtet, die ebenso wie die lebhaft spielenden Fühlerbewegungen der Ameisen, von denen dieselben eingeleitet und begleitet wurden, der Ausdruck eines gesteigerten Wohlgefühles und vielleicht auch eines Ueber­schusses an Muskelenergie nach der Winterruhe zu sein schienen. An Formica pratensis hat Forel[2] bereits früher ähnliche Beobachtungen ge­macht, und Huber an Formica rufa oder pratensis[3]. Als eine „evi­dente Reaction gegen den Instinct", wofür Forel[4] diese Spiele der Ameisen wenigstens früher hielt, kann ich dieselben nicht ansehen; sie sind ebenso­gut instinctiv wie die Balgereien der jungen Raubthiere und das Springen der jungen Lämmchen; sie gehen wohl aus dem natürlichen Drange zur Uebung der Muskelbewegungen hervor, die den Thieren wie den Menschen­kindern sinnlich angenehm ist. Auf Rechnung der „Intelligenz" darf man sie jedenfalls weder bei den Ameisen noch bei den höhern Thieren setzen.

---

[1] Die Spiele der Thiere (1896) S. 125 und 135. Groos hat übrigens hier und an andern Stellen der Autorität Büchners zu viel vertraut, der Hubers und Forels Beobachtungen nicht selten tendenziös dargestellt hat, um das Thier zu vermenschlichen. Forel hat gegen diese Verarbeitung seiner Beobachtungen durch Büchner ausdrücklich in den Études myrmécologiques protestirt. Ueberhaupt sind in das Buch von Groos, trotz des kritischen Standpunktes, den der Verfasser im Vorwort entwickelt, leider sehr viele Angaben aufgenommen, deren Zuverlässigkeit zweifelhaft ist.

[2] Fourmis de la Suisse p. 367.

[3] Da Huber (Recherches p. 151) nicht sagt, ob die fourmi fauve à dos rouge oder jene à dos noir daselbst gemeint sei, läßt sich kaum entscheiden, welche.

[4] Fourmis de la Suisse p. 444.

Die noch vielfach verbreiteten irrthümlichen Ansichten von der „absoluten Blindheit" und dem „mechanischen Automatismus" des Instinctes haben nicht wenig dazu beigetragen, die Annahme einer Thierintelligenz scheinbar unentbehrlich zu machen. Indem man den Instinct für einen bloßen Reflexmechanismus hielt, mußte man selbstverständlich sämtliche Aeußerungen des instinctiven Lebens, bei denen die individuelle Sinneswahrnehmung und Sinneserfahrung bestimmend eingreifen, für „intelligente Thätigkeiten" erklären. Dies ist jedoch, wie wir bereits früher [1] gezeigt haben, ein ganz unkritisches Verfahren. Das Leben der Ameisen ist dazu geeignet, einen richtigern Begriff von der Natur des thierischen Instinctes zu geben; ganz besonders aber gilt dies von Formica sanguinea, die wir bezüglich dessen, was man bei den Thieren fälschlich „Intelligenz" nennt, den höhern Wirbelthieren an die Seite stellen müssen.

4. Die Sklavenzucht der blutrothen Raubameise.

Die Sitte der genannten blutrothen Raubameise, Sklavenpuppen zu rauben und zu erziehen, ist allerdings eine rein instinctive Sitte. Daß es ein Unsinn wäre, dieselbe als eine intelligente Erfindung irgend einer Raubameisen-Kolonie hinzustellen, eine Erfindung, die sich dann durch Tradition auf sämtliche Nachkommen der ganzen Species vererbt hätte, — das geben auch unsere wissenschaftlichen Gegner zu. Das vernichtende Urtheil, welches wir über die Büchnersche Vermenschlichung der „Sklaverei" bei den Ameisen bereits früher gefällt haben [2], ist auch von Forel, Emery und Smalian bestätigt worden. Daß zur Bethätigung jenes Instinctes noch eine besondere psychische Anregung erforderlich sei, welche den jungen Ameisen durch das Beispiel und die sinnliche Fühlersprache der ältern Gefährtinnen vermittelt würde, wäre immerhin denkbar. Als besonders wahrscheinlich könnte man diese Annahme allerdings nicht bezeichnen; denn die Gründung neuer Kolonien erfolgt in der Regel durch einzelne befruchtete Weibchen; die Weibchen von Formica sanguinea besitzen aber den Sklavereiinstinct nicht und können daher auch nicht die Anregung zur Ausübung desselben geben. Da jedoch die Ansicht weit verbreitet ist, Tradition und Unterricht unterstütze die Ausübung der socialen Instincte bei den geselligen Insecten, und die hohe Vollkommenheit des

---

[1] Instinct und Intelligenz im Thierreich.
[2] Die zusammengesetzten Nester S. 182.

Staatslebens derselben sei erst durch dieses Moment recht erklärlich, deshalb wollen wir die Haltbarkeit dieser Ansicht auf Grund der Thatsachen prüfen.

Allerdings spielt in den Ameisengesellschaften der **Nachahmungstrieb** eine wichtige Rolle, wie auch aus manchen der obenerwähnten Beobachtungen hervorgeht. Durch das Beispiel und die Fühlerschläge der erfahrenern Gefährtinnen werden die jüngern in vielen Fällen zu Thätigkeiten angeregt, die sie sonst, wenigstens unter denselben Umständen, nicht ausüben würden. In dieser Beziehung herrscht — wie in den übrigen Hauptpunkten des thierischen Seelenlebens — wesentliche Uebereinstimmung zwischen den Ameisen und den höhern Thieren; denn auch bei diesen besteht der ganze vorgebliche Unterricht, den die Alten ihren Jungen ertheilen, in einer instinctiven Anregung des Nachahmungstriebes der Jungen durch das Beispiel der Alten. Wenn man also „Tradition und Unterricht" nur in **diesem** Sinne versteht, so ist zuzugeben, daß dieselben die Ausübung der erblichen Instincte sowohl bei den Ameisen wie bei den höhern Thieren unterstützen. Aber es ist auch klar, daß die Worte Tradition und Unterricht dann etwas ganz anderes bedeuten, als was die moderne Thierpsychologie ihnen unterlegt; sie bedeuten dann nicht eine auf **Intelligenz** beruhende Mittheilung von Kenntnissen, sondern bloß eine auf Instinct beruhende Anregung des Nachahmungstriebes.

Aber nicht einmal diese Anregung durch das Beispiel älterer Gefährtinnen ist in den Staaten der geselligen Insecten **nöthig zur ersten Ausübung der Instincte** bei den jungen Arbeiterinnen. Wir haben durch Versuche nachgewiesen, daß gerade die merkwürdigsten und scheinbar intelligentesten Lebensgewohnheiten der blutrothen Raubameise, ihre Sklavenzucht und die gastliche Pflege des Käfers Lomechusa strumosa, bloß ein erblicher Instinct sei, zu dessen Bethätigung keinerlei „Belehrung" von seiten der ältern Ameisen erforderlich ist[1]. Wir bildeten nämlich eine eigene „Autodidaktenkolonie" junger Arbeiterinnen von Formica sanguinea, indem wir nacheinander eine Anzahl frisch entwickelter, soeben aus dem Cocon gezogener Individuen aus ihren Nestern nahmen und dieselben zusammen in ein Gläschen mit Erde setzten. Die autodidaktischen Raubameisen verrichteten nicht bloß alle Arbeiten des Nestbaues wie die übrigen Individuen derselben Art, sondern sie verhielten sich auch in völlig entsprechender Weise bei der Brutpflege, sogar gegenüber Arbeiterinnen-

---

[1] A. a. O. S. 202 und „Die internationalen Beziehungen von Lomechusa strumosa" in: Biologisches Centralbl. Bd. XII (1892), S. 592.

puppen fremder Ameisenarten, die ihnen in das Nest gelegt wurden. Die Puppen von Lasius niger fraßen sie nämlich auf oder ließen sie vertrocknen, die Puppen von Formica rufibarbis dagegen erzogen sie zu Hilfsameisen für ihre Kolonie. Eine Lomechusa strumosa, die ich ihnen zugesellte, wurde wie eine alte Bekannte unmittelbar aufgenommen, beleckt und gefüttert, gerade so wie es in den übrigen Kolonien von Formica sanguinea zu geschehen pflegt. Gegenüber derartigen experimentell feststehenden Thatsachen wird die schöne Theorie von dem Unterricht und der Tradition bei den Ameisen zu einem leeren Hirngespinst.

Bezüglich der Bienen gilt dasselbe; auch hier ist der vorgebliche „Unterricht", den die alten Arbeiterinnen den jungen ertheilen sollen, ein bloßes Phantasieproduct des anthropomorphisirenden Beobachters, nichts weiter. Schon der alte Réaumur sagt in seiner klassischen Histoire des Insectes[1]: „Kaum sind alle Körpertheile der jungen Biene hinreichend trocken geworden, kaum sind ihre Flügel im stande, bewegt zu werden, da versteht sie bereits alles, was sie im ganzen übrigen Leben zu thun haben wird." Er führt sodann einzelne Beobachtungen dafür an, daß junge Bienen bereits alle Instincte der alten am ersten Tage vollkommen auszuüben vermögen. In neuester Zeit wurden von Kogevnikov[2] und Butkewitsch[3] auch Versuche mit autodidaktischen jungen Bienen angestellt; das Ergebniß war ähnlich wie bei den obigen Experimenten mit den autodidaktischen Ameisen: sowohl der Wabenbau und die Brutpflege der Arbeiterinnen als die Kampflust der Königinnen erwiesen sich als erbliche Instincte, von Erfahrung und Belehrung gleich unabhängig. Charles Janets vortreffliche Beobachtungen über die Hornissen[4] zeigen ebenfalls, daß das Leben der geselligen Insecten bloß auf erblichen Instincten beruht, die bereits durch die ersten Sinneswahrnehmungen des jungen Individuums zu ihrer naturgemäßen Thätigkeit bestimmt werden; erst dann greift der Nachahmungstrieb mit seiner wechselvollen Anregung als secundärer Factor ein. — So verhält es sich in Wirklichkeit mit dem bestechenden Schlagworte „Unterricht und Tradition" in den Insectenstaaten.

Es kann somit kein Zweifel darüber bestehen, daß, wie das ganze sociale Leben der Ameisen, so auch die Sklavenzucht und die Kriegstaktik

---

[1] Tom. V, part. II, mém. XI, p. 278. Amsterdam 1741.
[2] Zur Frage vom Instinct in: Biologisches Centralbl. Bd. XVI (1896), Nr. 18, S. 657—660.
[3] Im „Russischen Bienenzuchtblatt", April 1896. Vgl. Kogevnikov a. a. O.
[4] Mémoires de la Société Zoologique de France. T. VIII. 1895.

der blutrothen Raubameise bloß auf Instinct, nicht auf individueller Intelligenz beruhe. Aber dieser Instinct ist kein absolut blinder Trieb, sondern wird bei den verschiedenen Kolonien je nach deren Bedürfnissen zweckmäßig modificirt. Von einem blinden Triebe zum Rauben und Erziehen von Sklavenpuppen wäre zu erwarten, daß eine sanguinea-Kolonie um so mehr Sklaven raube, je stärker sie ist; in den volkreichsten Nestern müßte die größte Zahl fremder Hilfsameisen sich finden. Thatsächlich ist jedoch das gerade Gegentheil der Fall. Die stärksten sanguinea-Kolonien halten regelmäßig die geringste Zahl von Sklaven, sowohl die relativ geringste als auch meist die absolut geringste. Darauf hatten wir schon früher[1] aufmerksam gemacht, können aber jetzt einen viel vollständigern Nachweis dafür erbringen. Um den Zusammenhang der Erziehung von Lomechusa strumosa in den sanguinea-Nestern mit der Entstehung einer sonderbaren krüppelhaften Arbeiterform dieser Ameise — der sogen. falschen Weibchen oder Pseudogynen[2] — nachzuweisen, wurde eine genaue Statistik der sanguinea-Kolonien in der Umgebung von Exaeten aufgenommen; dieselbe umfaßt bisher 250 Kolonien mit über 600 Nestern[3]. Bezüglich der Sklavenzahl ergab jene Statistik, daß in den meisten Kolonien die Herren drei- bis sechsmal zahlreicher sind als die Sklaven. In den stärksten Kolonien finden sich kaum 50 bis 100 Sklaven, manchmal noch weniger oder gar keine; in den mittelstarken bis schwachen Kolonien dagegen beträgt die absolute Sklavenzahl meist mehrere Hundert. Das durchschnittliche relative Zahlenverhältniß der Herren zu den Sklaven ist in den stärksten Kolonien 100:1 bis 10:1, in den mittelstarken und schwachen aber nur 3:1 bis 1:1. Dies sind noch nicht die äußersten Grenzen, zwischen denen die Zahl der Hilfsameisen in den Nestern der blutrothen Raubameise sich bewegt. Im Mai 1890 und 1896 fand ich bei Exaeten mehrere starke sanguinea-Kolonien ohne Sklaven[4]. Am 23. Mai 1889 begegnete mir das andere Extrem, nämlich eine sehr schwache sanguinea-Kolonie, in welcher die Sklaven (F. fusca) etwa zwanzigmal so zahlreich waren als die Herren. Diese Extreme sind jedoch

---

[1] Die zusammengesetzten Nester S. 50.

[2] Vgl. Die ergatogynen Formen bei den Ameisen und ihre Erklärung in: Biolog. Centralbl. Bd. XV (1895), Nr. 16 und 17.

[3] Eine Kolonie von F. sanguinea besitzt nämlich nicht selten mehrere, oft einen oder mehrere Meter voneinander entfernte Nester, die zugleich oder abwechselnd bewohnt werden.

[4] Ebenso auch im August 1891 bei Bludenz im Branderthale in Vorarlberg. Vgl. Die zusammengesetzten Nester S. 257.

äußerst selten; ferner ist es selbstverständlich, daß sich die Zahl der Hilfs=
ameisen in den einzelnen Kolonien von Jahr zu Jahr nicht völlig gleich
bleibt; was sich jedoch als constantes Gesetz herausstellt, ist, daß die
Sklavenzahl zur Stärke der betreffenden sanguinea=Kolonien nicht in ge=
radem, sondern in umgekehrtem Verhältnisse steht. Wie in Holländisch=
Limburg, so fand ich dieses selbe Gesetz auch im Rheinland, in Vorarlberg
und Böhmen bei meiner Untersuchung der sanguinea-Nester bestätigt.

Wie ist diese Thatsache zu erklären, durch welche jene Raubameisen=
kolonien sich von den Amazonenkolonien so auffallend unterscheiden? Letztere
haben nämlich um so mehr Sklaven, je stärker die Kolonie ist; bei den
blutrothen Raubameisen ist es jedoch gerade umgekehrt. Dieser Unter=
schied erklärt sich daraus, daß Formica sanguinea nicht gleich den Ama=
zonen wesentlich abhängig ist von ihren Hilfsameisen, sondern dieselben
gleichsam nur als eine nebensächliche Ergänzung für ihren Staatshaus=
halt betrachtet. Die blutrothen Raubameisen rauben und erziehen nur
so viele Sklavenpuppen, als für ihre Kolonien zweckdienlich ist: schwächere
Kolonien fühlen ein größeres Bedürfniß nach dieser Ergänzung durch
fremde Hilfskräfte, stärkere Kolonien dagegen ein geringeres; nach der
Wahrnehmung dieses Bedürfnisses richten sie ihre Handlungsweise ein.
Allerdings läßt sich die geringere Zahl der Sklaven in den volkreichern
sanguinea-Nestern zum Theile auch darauf zurückführen, daß ein größerer
Procentsatz der geraubten Puppen verzehrt wird als in den volkarmen
Nestern. Dieser Umstand bietet jedoch nicht im entferntesten eine Er=
klärung dafür, weshalb in den schwächsten Kolonien dieser Raubameise
die Zahl der Sklaven eine so bedeutende ist, daß sie jene der Herren sogar
übersteigen kann. Diese Thatsache ist schließlich nur daraus begreiflich,
daß diese Kolonien ihre eigene Schwäche durch eine möglichst große Sklaven=
zahl zu ergänzen suchen.

Welche Thatsachen aus dem Herdenleben der höhern Thiere lassen
sich wohl dieser merkwürdigen Erscheinung an die Seite stellen? Uns
sind keine bekannt. Gäbe es solche, so würden Darwin, Ziegler und
andere Entwicklungstheoretiker nicht ermangelt haben, dieselben für ihren
Zweck zu verwerthen und als schlagenden Beweis für die menschenähnliche
Intelligenz der höhern Thiere hinzustellen; denn wenn eine Thiergesell=
schaft das Bedürfniß wahrnimmt, ihre eigene Schwäche durch fremde Hilfs=
kräfte zu verstärken, und durch die Wahrnehmung dieses Bedürfnisses be=
wogen sich thatsächlich fremde Hilfskräfte verschafft, so handelt sie infolge
eines der sinnlichen Erfahrung entstammenden Motivs, somit intelligent

im Sinne der modernen Thierpsychologie. Und doch sollen die Ameisen „Instinctautomaten" sein, die höhern Thiere aber nicht. Hier zeigt sich also abermals einerseits die Unhaltbarkeit dieses modernen Intelligenz= begriffes und andererseits die Unhaltbarkeit des Versuches, die „Intelligenz" der höhern Thiere weit über diejenige der Ameisen zu stellen.

Wie bezüglich der Zahl der Sklaven, so richten sich die blutrothen Raubameisen auch bezüglich der Art derselben in zweckmäßiger Weise nach den jeweiligen Umständen ein. Die häufigste Sklavenart ist Formica fusca. Diese schwarzgraue Ameise findet sich in weitaus den meisten der erwähnten 250 sanguinea=Kolonien um Exaeten als Gehilfin. In etwa 15 bis 20 Kolonien ist statt F. fusca eine andere Art, F. rufibarbis, vertreten; 5 Kolonien enthalten beide Sklavenarten, fusca und rufibarbis, zugleich. Bei Feldkirch in Vorarlberg traf ich neben solchen sanguinea= Kolonien, welche die ebengenannten Hilfsameisen besaßen, noch andere, in denen F. cinerea oder F. fusca und cinerea als Sklaven waren. Die letztere Formica=Art fehlt in Holländisch=Limburg und deshalb findet man hier natürlich auch keine cinerea als Hilfsameisen bei sanguinea. Daß die blutrothe Raubameise nicht durch einen „blinden Instinct" auf den Raub einer bestimmten Sklavenart automatisch angewiesen ist, geht aber ganz besonders daraus hervor, daß sie gelegentlich sogar schwache Kolonien der großen Waldameisen und Wiesenameisen (F. rufa und pratensis) überfällt, deren Puppen raubt und sich aus denselben Hilfsameisen er= zieht. Im Mai 1890 fand ich bei Exaeten eine solche „natürliche, anormal gemischte" sanguinea=Kolonie, welche außer F. fusca noch eine beträcht= liche Zahl F. rufa als Sklaven besaß. Diese Kolonie ist seither ver= schwunden; im Herbste 1892 fand ich sie nach meiner zweijährigen Ab= wesenheit nicht wieder vor. Dafür entdeckte ich im letzten Jahre (1895) in derselben Gegend zwei andere natürliche, anormal gemischte sanguinea= Kolonien, deren eine bloß Formica pratensis, die andere fusca und pratensis als Hilfsameisen enthielt. Im August 1891 begegnete mir auch auf dem Arlbergpaß (1800 m) eine sanguinea=Kolonie, welche rufa als Gehilfinnen hatte. Schon früher berichtete Forel[1] einige interessante Beispiele von natürlichen, anormal gemischten Kolonien dieser Raubameise in der Schweiz, nämlich ein sanguinea=Nest, welches Formica pra= tensis, und ein anderes, welches rufa als Sklaven umschloß. Die eigen= thümliche Universalität und zweckmäßige Anpassungsfähigkeit des Sklaverei=

---

[1] Études myrmécologiques en 1875 p. 25 (57) und en 1886 p. 9 (139).

instinctes der blutrothen Raubameise ist also in der Schweiz und in Tirol dieselbe wie in Holland; sie beruht auf der specifischen Naturanlage ihres sinnlichen Erkenntniß= und Begehrungsvermögens, welche wir „Instinct" nennen.

Daß Formica sanguinea die Arbeiterinnenpuppen der verschiedenen fremden Formica=Arten, wenn sie ihr von Menschenhand auf künst= lichem Wege geboten werden, ebenfalls annimmt und sich Hilfsameisen aus denselben erzieht, ist nach den oben mitgetheilten Beobachtungen über ihre „natürlichen" gemischten Kolonien eigentlich selbstverständlich. Mannig= faltige Versuche dieser Art, sowohl mit künstlichen Beobachtungsnestern im Zimmer als auch mit bestimmten Nestern in freier Natur, haben Forel[1] und ich angestellt; einer derselben sei hier mitgetheilt. Im verflossenen Sommer (1895) holte ich mehrmals nacheinander einen großen Sack mit Arbeiterinnen=Cocons aus einem riesigen Haufen von Formica rufa und leerte denselben neben einem stark bevölkerten sanguinea=Neste[2], das nur wenige fusca als Sklaven enthielt, aus. In wenigen Minuten hatten die Blutrothen die Tausende von rufa, welche mit den Cocons im Nest= material sich befanden, in die Flucht geschlagen, jagten den fliehenden rufa ihre Cocons ab und begannen dann mit der Plünderung der in dem feindlichen Nestmaterial verborgenen Beute. Stundenlang sah man un= ausgesetzt Hunderte von diesen weißen „Ameiseneiern" aus dem geplün= derten Neste in das Räubernest hinüberspazieren und darin verschwinden, als ob sie von demselben magnetisch angezogen würden. Weitaus der größte Theil der rufa=Puppen wurde von den sanguinea aufgezogen. Die künstliche gemischte Kolonie zählt jetzt etwa 5000 sanguinea und 8000 rufa. Letztere sind gewöhnlich auf der Nestoberfläche mit Bauen beschäftigt und haben dem sanguinea=Neste bereits das Aussehen eines echten rufa=Haufens gegeben. Bei der geringsten Störung durch Menschen= hand stürzen jedoch Tausende von hellrothen sanguinea aus dem Nest= innern hervor, um das gemeinsame Vaterland zu vertheidigen; wie durch einen Zauberstab hat sich dann das vermeintliche rufa-Nest plötzlich in ein sanguinea=Nest verwandelt. Weil eine Ameise keine andere Heimat kennt als das Nest, in welchem sie aus der Puppenhülle gezogen wurde, deßhalb halten die rufa trotz ihrer numerischen Ueberzahl treu zu ihren Räubern und natürlichen Feinden, den blutrothen Raubameisen, ohne

---

[1] Fourmis de la Suisse p. 258 ss.
[2] Kolonie Nr. 39 auf der Statistischen Karte.

darüber „nachzudenken", wie sie in diese ungewöhnliche Gesellschaft geraten seien.

Ein Beobachtungsnest von Formica sanguinea, das ich schon vier Jahre im Zimmer halte — es ist das auf S. 15 abgebildete, schon mehrfach erwähnte Nest —, umschließt als Hilfsameisen Arbeiterinnen aller in Holland vorkommenden Formica-Arten zugleich: außer den „Herren" (sanguinea) enthält es Formica fusca, rufibarbis, rufa und pratensis. Diese „Sklaven" stammen aus Cocons, welche ich jener Kolonie in den letzten Jahren als Beute übergeben hatte. Wie draußen in freier Natur sämtliche hiesige Formica-Arten einzeln oder zu zweien als Hilfsameisen in den sanguinea-Nestern sich finden, so sind sie hier alle insgesamt zu einer gemischten Kolonie unter der Oberherrschaft von Formica sanguinea vereinigt.

Unter „Oberherrschaft" und „Sklaverei" darf man sich bei den gemischten Kolonien der Ameisen jedoch keine Oberherrschaft oder Sklaverei im menschlichen Sinne denken. Einer solchen Begriffsverdrehung konnten nur Tendenzschriftsteller wie Ludwig Büchner sich schuldig machen. Zwischen sämtlichen Arbeiterameisen einer gemischten Kolonie herrscht vollkommene Gleichheit, gerade so wie zwischen sämtlichen Arbeiterameisen einer einfachen Kolonie. Genau dieselben „Staatsgesetze" gelten für die Sklaven wie für die Herren; mit andern Worten, der übereinstimmende „Nestgeruch", den sie als Ameisen, die in demselben Neste erzogen wurden, besitzen, läßt sie sich gegenseitig als Zugehörige derselben Ameisengesellschaft erkennen, ohne daß dabei die Verschiedenheit der Art irgendwie von Einfluß wäre. Die sogen. Sklaven leben in der fremden Räuberkolonie ganz frei, d. h. nach denselben angebornen Instincten, die zu Hause ihre Lebensregel gebildet hätten; sie arbeiten für ihre Räuber, verproviantiren sie und erziehen ihre Brut, als ob es ihre eigene Stammeskolonie wäre. „Sklaven" heißen sie überhaupt nur deshalb, weil sie aus geraubten Puppen stammen, im Neste einer fremden Art leben und für dasselbe arbeiten. Andererseits heißen die sanguinea nur deshalb „Herren", weil sie die Puppen der fremden Arten geraubt haben, aus denen ihre Hilfsameisen stammen; ferner auch deshalb, weil die betreffende Kolonie nicht bloß Arbeiterinnen von Formica sanguinea enthält, sondern auch Männchen und Weibchen dieser Art, während die Sklavenart bloß durch Arbeiterinnen vertreten ist. Daher kommt es, daß durch die gemischten Kolonien stets nur die Erhaltung der Herrenart, nicht aber jene der Sklavenart gefördert wird.

Es ist ein handgreiflicher Unsinn, mit Büchner die Sklaverei bei den Ameisen mit der Sklaverei bei den Menschen wesentlich gleichzustellen. Der Mensch besitzt vermöge seiner Intelligenz die Fähigkeit, über seinen Stammesursprung und seine sociale Stellung nachzudenken; er besitzt Selbstbewußtsein, und daher ist für ihn die Sklaverei eine ungerechte Beraubung der Freiheit, ein Zustand der Verdemüthigung, eine Erniedrigung seiner freien Menschenwürde. Anders bei den Ameisen. Diese haben keinen Verstand und kein Selbstbewußtsein, und vermögen deshalb über die dunklen Fragen „woher" und „wozu" gar nicht nachzugrübeln. Ihren socialen Instincten können sie als Hilfsameisen einer fremden Räuberart gerade so gut folgen wie in einem Neste ihrer eigenen Art; sie sind so frei und so selbständig wie jede andere Arbeiterameise auf Erden. Daher gibt es unter den Ameisensklaven auch keine Deserteure und keine Revolutionäre, keine Verschwörer und keine Anarchisten. Wer den vollendeten Socialismus und Communismus der gemischten Ameisenkolonien für ein Muster der menschlichen Socialpolitik und Socialökonomie ausgibt, ist — falls seine Vorschläge ernst gemeint sind — reif für eine Nervenheilanstalt.

Andererseits muß jedoch gegenüber jenen Thierpsychologen, welche die „geistigen Fähigkeiten" der höhern Wirbelthiere unvergleichlich hoch über jene der Ameisen stellen wollen, nachdrücklich hervorgehoben werden, daß keine Gesellschaft von Affen oder andern Säugethieren sich in psychologischer Beziehung mit den gemischten Kolonien der Ameisen, besonders mit den Staaten der blutrothen Raubameise, messen kann. Die Erziehung fremder Sprößlinge aus nahe verwandten Arten zu nützlichen Mitgliedern der eigenen Gesellschaft ist eine sehr zweckmäßige Einrichtung, die wir bei keiner Affenhorde finden. Deßhalb stehen auch die Kriege und Raubzüge der Ameisen, die diesen Zweck verfolgen, weit höher als die Kriege der Paviane und anderer Affen. Die Sklaverei beruht zwar bei den Ameisen bloß auf Instinct, nicht auf Intelligenz. Aber mehr als Instinct zeigt sich auch in den Gesellschaften höherer Thiere nicht, ja die Entwicklung ihrer socialen Instincte steht noch weit hinter derjenigen der Ameisen zurück.

5. Andere Kriege und Bündnisse bei den Ameisen.

Die Sklavenjagden der Amazonen und der blutrothen Raubameisen sind wohl die interessantesten, aber keineswegs die einzigen Kriege, welche man bei den Ameisen führt. Es gibt noch viele andere Fehden und

Scharmützel, sowohl zwischen Ameisen verschiedener Arten als auch zwischen verschiedenen Kolonien derselben Art. Die meisten dieser Fehden beruhen auf unterirdischen oder oberirdischen Grenzstreitigkeiten, die von den betreffenden Staaten mit „Waffengewalt" ausgetragen werden. Wenn unter einem großen Steine ein „zusammengesetztes Ameisennest" sich befindet, d. h. wenn zwei oder mehrere verschiedene Ameisenarten daselbst nebeneinander ihre Nester aufgeschlagen haben, so sind dieselben durch Erdwälle voneinander abgegrenzt. Niemand wagt sich in das Nachbarnest, und wer es dennoch thut, dem bekommt es schlimm; er wird abgefaßt und kalt gemacht. Nur die winzig kleinen gelben Diebsameisen (Solenopsis fugax) benutzen regelmäßig die Nachbarschaft einer größern Ameisenart, um dieselbe zu bestehlen; ausnahmsweise thut dies auch die kleine schwarze Rasenameise (Tetramorium caespitum). Diese diebischen kleinen Ameisen sind für die Nester der größern Ameisen ungefähr dasselbe, was die Ratten und Mäuse für die Wohnungen der Menschen sind.

Wendet man nun einen Stein um, unter dem mehrere fremde Ameisenarten nebeneinander in getrennten Nestern leben, so sind plötzlich die Scheidewände gehoben, und es entspinnt sich oft ein heftiger Kampf, der beiderseits viele Ameisenleben kostet und nicht selten auch noch längere Zeit fortdauert, nachdem man den Stein wiederum in seine frühere Lage gebracht hat. Erst wenn die beiderseitigen Grenzen völlig regulirt sind, herrscht wiederum Friede zwischen den Nachbarstaaten. Manchmal zeigt sich bei dieser Gelegenheit, daß eine der beiden Kolonien der andern an Stärke bedeutend überlegen ist; dann wird der Nachbar einfach aus seinem Neste verdrängt und dasselbe ganz oder theilweise in Beschlag genommen. Der Krieg endet dann mit einer „Gebietsabrundung" für den mächtigern der beiden Staaten.

Auch oberirdische Grenzstreitigkeiten zwischen benachbarten Ameisenkolonien führen nicht selten zu Kämpfen, die wochenlang oder selbst monatelang andauern können, von kürzern oder längern „Waffenstillständen" unterbrochen. Am hartnäckigsten und blutigsten sind diese Gefechte zwischen fremden Kolonien der kleinen schwarzen Rasenameise (Tetramorium caespitum), die allenthalben häufig ist und auf einem Quadratkilometer Tausende und Hunderttausende von Erdnestern haben kann. Am 8. Juli 1886 traf ich in der Nähe von Eraeten auf einem sandigen Fahrweg ein förmliches Schlachtfeld von kämpfenden Rasenameisen. Die Combattanten zählten Tausende und bedeckten eine Strecke von etwa 70 cm Länge und 8 cm Breite. Einzelne Ameisen waren unter der Masse der

5. Andere Kriege und Bündnisse bei den Ameisen.

Kämpfer fast gar nicht zu sehen, sondern nur unregelmäßige Knäuel von 2—14 ineinander verbissener und mit dem Stachel sich gegenseitig bearbeitender Individuen. Die Sommerhitze hatte den Groll der beiden schon lange zu nahe bei einander hausenden Völkerschaften zu heller Flamme entfacht. Der Kampf endete wahrscheinlich nur mit der Vertreibung oder der gänzlichen Vernichtung des einen der beiden Rasenameisenstaaten.

Wie bei den Menschen die Bruderkriege die erbittertsten und blutigsten zu sein pflegen, so auch bei den Ameisen die Kriege zwischen verschiedenen Kolonien derselben Art. Aber nur die überreizte Phantasie eines Brehm oder Büchner könnte eine tiefere Aehnlichkeit zwischen diesen beiden Erscheinungen finden. Wie bei vielen Vögeln die Männchen um ihr Brutrevier kämpfen müssen, in welchem keine fremde Familie derselben Art sich niederlassen darf[1], so müssen auch die Ameisenkolonien vermöge eines höchst weisen Naturgesetzes ihre eigenen Nestbezirke haben, in denen keine fremde Kolonie derselben Art geduldet wird. Wegen der Gleichheit ihrer Lebensbedürfnisse würde sonst der Unterhalt zu karg: daher die angeborne instinctive Stammesfeindschaft, die zwischen fremden Kolonien derselben Ameisenart herrscht; Kolonien anderer Arten dagegen, die eine andere Lebensweise führen und andere Erwerbszweige haben, werden in dem Nestbezirke viel eher zugelassen. Der Bestand der betreffenden Arten erfordert gebieterisch, daß gerade zwischen Völkerschaften eines und desselben Ameisenstammes der heftigste Kampf ums Dasein herrsche. Nicht individueller Brodneid oder souveräne Annexionsgelüste, sondern höhere Naturgesetze sind die Triebfedern dieser „Bruderkriege" bei den Ameisen. Der Dichter mag noch so lange singen: „Raum für alle hat die Erde"; dieser schöne Spruch ist auch im Ameisenleben nur zu oft bloß theoretisch richtig.

Es ließe sich noch vieles über die Kriege und Kämpfe der Ameisen berichten; da wir jedoch hier hauptsächlich nur einige Vergleichspunkte für die „Intelligenz" der Ameisen mit derjenigen anderer Thiere und des Menschen hervorheben wollten, können wir nicht weiter darauf eingehen. Nur noch ein Punkt muß erwähnt werden: die Kriege der Ameisen enden manchmal mit einem „Bündnisse", mit einer friedlichen Vereinigung der streitenden Völkerschaften zu einem gemeinsamen Staatsverbande. Solche Allianzen kommen hauptsächlich zwischen Formica derselben oder verschiedener Arten vor, am öftesten und leichtesten zwischen sanguinea

---

[1] Vgl. Altum, Der Vogel und sein Leben (5. Aufl.) S. 122 ff.

fremder Kolonien. Aus Forels „Ameisen der Schweiz" und aus unsern eigenen Beobachtungen[1] ließen sich zahlreiche Beispiele hierfür anführen. Die Hauptbedingungen für das Zustandekommen einer Allianz zwischen feindlichen Ameisenkolonien sind, daß die beiden Gegner systematisch nahe verwandt, daß sie ungefähr gleich stark und endlich daß sie genöthigt sind, unmittelbar beisammen zu wohnen, ohne einander ausweichen zu können. Unter diesen Umständen wird aus den anfänglichen Scharmützeln bald eine indifferente gegenseitige Duldung, aus der Duldung ein freundschaftlicher Verkehr. Für einen oberflächlichen Beobachter gewinnen derartige Vorfälle völlig den Anschein, als ob hier eine vernünftige Ueberlegung der Thiere über die instinctive Abneigung den Sieg davontrage. „Wozu unnützes Blutvergießen", so denkt der menschliche Beobachter für die Ameisen, „wir wollen uns lieber friedlich vertragen, als daß wir uns gegenseitig aufreiben; die zwischen uns bestehenden Differenzen sind nicht so bedeutend, als daß wir uns nicht verständigen könnten." Dafür, daß die sich verbündenden Ameisen wirklich so denken, ist jedoch keine Spur eines Beweises vorhanden. Die allerdings sehr merkwürdige Erscheinung läßt sich einfacher und natürlicher aus den Gesetzen des instinctiven Sinneslebens erklären, mit besonderer Berücksichtigung der Fühler-Sinneswahrnehmungen der Ameisen. Die erbliche Anlage des sinnlichen Erkenntniß- und Begehrungsvermögens ist namentlich bei den Formica-Arten, und bei diesen wiederum besonders bei der psychisch am höchsten begabten Formica sanguinea, eine so zweckmäßige, daß zwischen Parteien von fast gleicher Stärke in solchen Fällen die Furcht über die Kampflust siegt. Durch Berührung mit den Fühlern erkennen sie sich gegenseitig zwar als Fremde, die nicht zusammengehören, und deshalb suchen sie sich zu trennen. Ist dies jedoch unmöglich, so gewinnt allmählich die Wahrnehmung der zwischen ihnen bestehenden Aehnlichkeit die Oberhand über die Wahrnehmung der Verschiedenheit. Infolge des anfangs nur gezwungenen Zusammenlebens bildet sich allmählich ein gemeinschaftlicher Nestgeruch aus, der sie zu Mitgliedern einer Kolonie verbindet. Sie erkennen sich jetzt durch Berührung mit den Fühlern als Zusammengehörige, als Nestgenossen. Aus den ehemaligen Gegnern ist ein neuer „Staatsverband" entstanden, dessen Kitt der gemeinschaftliche Nestgeruch bildet. So räthselhaft derselbe auch für uns, die wir keine Ameisenfühler besitzen, sein mag, so bietet er doch die einzige Erklärung für die sonst völlig unbegreifliche

---

[1] Die zusammengesetzten Nester S. 146—157.

Thatsache, daß die so entstandene Bundeskolonie fortan sogar gegen die ehemaligen Mitglieder der eigenen Kolonie zusammenhält[1]. Ein Beispiel dieser Art berichtet Forel in seinen „Ameisen der Schweiz" (S. 281). Er brachte eines Tages eine Handvoll Formica pratensis zu einer Bundeskolonie sanguinea-pratensis; die pratensis dieser Kolonie waren zwei Monate früher aus demselben pratensis=Neste genommen wie die jetzt neu hinzu= gebrachten[2]. Was geschah nun? Die sanguinea griffen die neuen pra= tensis sofort wüthend an, weil sie dieselben durch Berührungsgeruch als Feinde erkannten. Die alten pratensis schienen ihre Schwestern nur noch halb zu kennen; sie begegneten ihnen mißtrauisch und kamen ihnen nicht zu Hilfe, obwohl sie an dem Kampfe sich nicht betheiligten. Bald begannen sie jedoch die neuen Ankömmlinge in das Bundesnest zu tragen, als ob sie zu ihnen gehörten. Die Zahl der pratensis wuchs dadurch erheblich, so daß sie jetzt die Uebermacht über die sanguinea hatten. Ob= schon jedoch die letztern noch mehrere Tage lang ihre Feindseligkeiten gegen die neuen pratensis fortsetzten und manche derselben verstümmelten und tödteten, fiel es den alten pratensis trotzdem nicht ein, mit ihren miß= handelten „Schwestern" gemeinschaftliche Sache gegen ihre natürlichen Feinde zu machen. Sie ließen die sanguinea ruhig gewähren, bis die noch überlebenden unter den neuen pratensis allmählich den Nestgeruch der Bundeskolonie angenommen hatten. Nach einer Woche war wiederum der „Friede" eingetreten und die fremden Ankömmlinge wurden fortan auch von den sanguinea als Nestgenossen behandelt.

Besäßen die Ameisen vernünftige Ueberlegung, hätten sie einen Be= griff von Blutsverwandtschaft, so wäre dieses Benehmen der alten pra= tensis jener Bundeskolonie bei der Mißhandlung ihrer Schwestern völlig unbegreiflich. Das instinctive Sinnesleben der Ameisen dagegen gibt uns eine befriedigendere Erklärung dieser Erscheinung, die mit der Thier= intelligenz in offenbarem Widerspruche steht. Andererseits darf man jedoch auch nicht übersehen, daß die Gesellschaften der Affen und anderer höherer Thiere nichts den Bundeskolonien der Ameisen Vergleichbares besitzen. Daß Kriege zwischen verschiedenen Affenhorden mit einem friedlichen Bünd= nisse der feindlichen Parteien enden, ist noch von niemandem beobachtet worden. Daraus erhellt, wie verkehrt es ist, die Gesellschaften der höhern

---

[1] Zur Erklärung des „Nestgeruches" siehe oben S. 10.
[2] Beide waren als völlig erwachsene Ameisen, nicht als Puppen aus dem pratensis=Nest genommen worden. Sonst würde dieses Beispiel gar nicht unter die „Allianzkolonien" gehören.

Thiere in psychischer Beziehung weit über diejenigen der Ameisen zu stellen. Das Gegentheil entspricht viel mehr der Wahrheit.

Wenn somit Entwicklungstheoretiker wie Darwin und Ziegler glauben, durch den Hinweis auf die Kämpfe, die zwischen Affenhorden manchmal sich abspielen, einen Beweis dafür erbracht zu haben, daß die Gesellschaften der höhern Thiere den „primitiven" Gesellschaften des Menschen äußerst nahe stehen, so nahe, daß ein kleiner, unbedeutender „Sprung" zu denselben überleite — ja, dann sind diese Herren in einem großen Irrthume befangen. Zuerst fingiren sie einen erdichteten „primitiven Zustand" der menschlichen Gesellschaft, der natürlich möglichst thierähnlich und vernunftlos ausgemalt wird; dann schmücken sie als Gegenstück die Gesellschaften der höhern Thiere möglichst menschenähnlich und vernünftig aus, und ziehen dann aus dieser doppelten Fiction den Schluß, daß das menschliche Gesellschaftsleben sich offenbar aus dem thierischen entwickelt habe. Und das nennt man dann „consequente, wissenschaftliche Anwendung der Entwicklungstheorie auf den Menschen". Wenn die Ameisen Verstand hätten und Lachmuskeln besäßen, so würden sie wohl über diese entwicklungstheoretischen „Sprünge" recht herzlich lachen; denn die Ameisenkolonien stehen dem menschlichen Gesellschaftsleben in der Entwicklung der socialen Instincte weit näher als die Affenhorden, und doch würde selbst ein Ameisenverstand genügen, um einzusehen, daß zwischen allen thierischen Gesellschaften und einer jeglichen menschlichen Gesellschaftsordnung noch ein himmelweiter Unterschied bestehe. Zwischen den Ameisenstaaten und den Menschenstaaten gibt man diesen Unterschied wohl zu; aber zwischen den Affenhorden und den einfachsten Menschenstaaten darf er nicht zugegeben werden — weil die Entwicklungstheorie es verbietet.

Drittes Kapitel.
Die Baukunst im Thierreich.

1. Ueberblick über die Bauthätigkeit der Thiere.

Die Bauten der Thiere sind sehr einfach und prosaisch in ihrem Zwecke; sie dienen stets bloß den Bedürfnissen des praktischen Lebens, der Erhaltung des Individuums und der Art; sie sind für ihre Besitzer bloß nothwendige Hilfsmittel, um den Kampf ums Dasein zu kämpfen, und verfolgen niemals einen künstlerischen Zweck, die Erregung eines ästhetischen Wohlgefallens¹. Schon daraus geht hervor, daß man von Baukunst im Thierreich nur im übertragenen Sinne reden kann; sie ist eine mechanische Fertigkeit, ein Handwerk, aber keine Kunst: und wenn ihre Wirkung trotzdem manchmal eine gewisse Aehnlichkeit mit den Werken menschlicher Kunst hat, so wird doch der ästhetische Effect vom Thiere selbst weder erkannt noch beabsichtigt. Auch darin unterscheiden sich die thierischen Kunstfertigkeiten wesentlich von den menschlichen, daß es erbliche, angeborne Fertigkeiten sind, die vom Thiere nicht erst erlernt zu werden brauchen, wie es bei den menschlichen Künsten der Fall ist. Das Thier bringt alle seine Kunstfertigkeiten bereits mit auf die Welt, und es übt sie ohne Erfahrung und Belehrung aus, sobald die organische Entwicklung und die äußern Umstände die Uebung jenes Kunsttriebes erfordern. Die Raupe des Nachtpfauenauges (Saturnia) wird zur Künstlerin erst dann, wenn die Zeit der Verpuppung gekommen ist und sie ihr flaschenförmiges Gehäuse zur Puppenruhe weben muß; und das Weibchen des Trichterwicklers (Rhynchites betulae) wird erst dann zur Künstlerin, wenn die nahende Eiablage ihm gebietet, einen kunstreichen Trichter aus einem Birkenblatt zu schneiden und zu wickeln; dem Männchen dieses Rüsselkäfers fehlt die wunderbare technische Kunstfertigkeit ebenso, wie dem Nachtpfauenauge als Schmetterling das Vermögen fehlt, einen Cocon zu spinnen. Die Kunsttriebe der Thiere gehen eben aus der organisch-psychischen Naturanlage dieser Wesen hervor; vernünftige Ueberlegung und freie Wahl hat mit ihrer Ausübung gar nichts zu thun, weil dieselbe schon durch die Gesetze des vegetativen und des sinnlichen Lebens bis ins einzelne bestimmt ist. Auch sämtliche Geräthschaften für ihre natürlichen Künste und Fertigkeiten sind den Thieren bereits durch ihre Körpergestalt in Form von bestimmten Organen mitgegeben: der Biene ihr Körbchen zum Sammeln des Blüthenstaubes und ihr Dolch zur Abwehr des Feindes; der Seidenraupe ihre Spinndrüse und dem Eichenzweigsäger seine sägeförmig gezähnte Rüsselspitze; dem Biber sein Schwanz als Maurerkelle und seine scharfen Nagezähne als Axt und Meißel für die Holzarbeit. Sie brauchen keine Werkzeuge für ihre Berufsarbeiten zu erfinden und zu verfertigen, weil ihnen dieselben bereits durch die Gesetze ihrer organischen Entwicklung für und fertig geliefert werden. Auch die

---

¹ Auch die Bauten der australischen Laubenvögel (Tectonarchinae) machen hiervon keine Ausnahme, wenn man die betreffenden Berichte aller poetischen Zuthaten entkleidet.

Gebrauchsanweisung dieser Instrumente ist ihnen durch die Innervation ihrer körperlichen Organe und durch die entsprechende Anlage ihres sinnlichen Erkenntniß- und Begehrungsvermögens schon mitgegeben. Vernünftige Ueberlegung und freie Wahl sind deshalb bei der Ausübung der thierischen Kunstfertigkeiten völlig überflüssig. Weil bereits durch die organisch-sinnliche Naturanlage der Thiere für alle ihre Lebensbedürfnisse ausreichend gesorgt ist, darum sind ihnen die höhern, die geistigen Fähigkeiten gänzlich versagt. Der menschliche Beobachter, der dieselben trotzdem in das Thier hineindeutet, beweist dadurch nur, daß er das Thierleben sehr oberflächlich studirt hat.

Die Bauten der Thiere dienen entweder als schützende Hülle für das Individuum, oder sie sind Brutstätten für die Entwicklung der Jungen. Zur erstern Klasse gehören die Erdröhren der Röhrenwürmer, die aus verschiedenen Stoffen zusammengesponnenen Futterale der Mottenraupen und der Larven der Köcherfliegen, sowie die verschiedenartigen Gehäuse, welche die Larven der Insecten, besonders viele Schmetterlingsraupen, vor ihrer Verwandlung verfertigen. Zur letztern Klasse zählen die eigentlichen Nestbauten der Thiere. Den ersten Anfängen der Nestbaukunst begegnen wir schon bei den parasitischen Strudelwürmern[1]. Sehr sinnreich und mannigfaltig entwickelt ist sie in manchen Insectenordnungen, besonders unter den Hautflüglern[2] und den Käfern. Wir treffen da die verschiedensten Nestformen aus den verschiedensten Stoffen, von der zierlichen Kuppel aus Mörtel, welche die Wespen der Gattung Eumenes für ihre Brut mauern, und der mit rothen Blüthenblättern des Mohns austapezirten Brutröhre einer Blattschneiderbiene (Megachile) bis zu den zierlichen Blatttrichtern und Blatttönnchen, welche manche Rüsselkäfer (Rhynchites, Apoderus, Attelabus) für ihre Brut wickeln, und dem mit einem Wimpel versehenen Kahne, den der große Kolbenwasserkäfer (Hydrophilus piceus) zur Aufnahme seiner Eier spinnt. Nur vereinzelt treffen wir Nestbauten bei den Fischen, wie bei unserem deshalb berühmten Stichling (Gasterosteus aculeatus) und andern stacheltragenden Fischen. Dagegen sind die Vögel Meister in der Kunst des Nestbaues, sowohl was die Mannigfaltigkeit der Nestformen wie des dazu verwandten Materials bei den verschiedenen Arten betrifft. Bei den Säugethieren endlich[3]

---

[1] Vgl. „Naturforscher" 1886, 19. Jahrg., Nr. 50, S. 494.
[2] Vgl. besonders J. H. Fabres Souvenirs Entomologiques, der diese Bauten meisterhaft beschrieben hat.
[3] Auf die Biberbauten werden wir unten etwas näher eingehen.

ist der Nestbau durchschnittlich weit einfacher und minder kunstreich als bei den Vögeln und Insecten.

Dieselben Bauten, welche zur Aufnahme und Erziehung der Brut dienen, können auch, wie wir es bei den geselligen Insecten und bei vielen Säugethieren sehen, zum dauernden Aufenthaltsorte für die Alten und deren Jungen werden. Aus dem Neste entsteht dadurch eine Familien=wohnung. Nur in verhältnißmäßig seltenen Fällen wird die Baukunst auch noch zu andern Lebensbedürfnissen verwendet. Bei vielen Spinnen dient ein Gewebe nicht bloß zum Schlupfwinkel für sie selber und als Brutstätte für ihre Jungen, sondern sie verfertigen mittels ihrer Spinn=drüsen auch ein Netz zum Fange der Beute; und die als Ameisenlöwe bekannte Netzflüglerlarve benutzt den Erdtrichter, den sie sich als Auf=enthaltsort gräbt, zugleich auch als Falle und Fangapparat, durch welchen Ameisen und andere umherstreifende Insecten ihr zum Opfer werden. Am verschiedenartigsten und mannigfaltigsten ist jedoch der Gebrauch, welchen die Ameisen von ihrer natürlichen Baukunst machen.

2. Die Nester der Ameisen.

An erster Stelle benutzen die Ameisen ihre Baufertigkeit zum Nest=bau im eigentlichen Sinne. Jeder weiß, was ein Ameisennest ist, und doch ahnen nur wenige, welche fast unermeßliche Fülle von verschiedenen Formen unter diesem so einfach scheinenden Begriffe verborgen ist. Es gibt kaum einen Stoff, aus dem ein Ameisennest nicht bestehen, kaum eine Gestalt, die es nicht annehmen, kaum eine Oertlichkeit, wo es nicht Platz finden könnte. Bald ist es so klein wie ein Fingerhut, bald so groß, daß die Pyramiden der alten Aegypter als Maulwurfshügel dagegen er=scheinen, wenn man die Größe des Erbauers mit der Größe seines Baues vergleicht; bald befindet es sich in der Erde, in Felsspalten, unter Steinen, bald unter der Rinde oder im Holze von Bäumen, bald in einem hohlen Pflanzenstengel, bald in einem Gallapfel oder in einem verlassenen Schnecken=haus, bald hängt es hoch in den Zweigen der Bäume, bald erhebt es sich als Kuppelbau auf dem Waldboden; bald ist es gegraben, bald gesponnen, bald gemauert, bald gemeißelt, bald ist es aus verschiedenen dieser Ar=beiten zusammen verfertigt: kurzum, die Mannigfaltigkeit der Form und der Bauart und des Nestplatzes ist eine fast unbegrenzte. Ein charakteristischer Zug ist jedoch allen Ameisennestern immer und überall gemeinsam: es ist der Mangel einer gleichmäßigen architek=

tonischen Schablone: das Ameisennest ist ein unregel=
mäßiges System von Kammern und Gängen, das zum
Aufenthalt der Ameisen und ihrer Brut dient und durch
verschiedene Oeffnungen mit der Außenwelt in Verbindung
steht. Gerade diese Unbestimmtheit des Bauplanes ist es, was den Ameisen
ermöglicht, ihren Nestbau den verschiedensten Oertlichkeiten und den ver=
schiedensten Materialien in zweckmäßiger Weise anzupassen. Die kunst=
volle, gleichsam mathematische Regelmäßigkeit der Bienenwabe[1] fehlt dem
Ameisenneste vollständig. Vom vergleichend psychologischen Standpunkte
aus ist dieser Unterschied sehr bedeutungsvoll. Wie im Gesellschaftsleben
der Ameisen die individuelle Selbständigkeit der einzelnen Arbeiterin einen
viel höhern Grad erreicht als bei den Bienen, wo die Königin den An=
regungspunkt und Mittelpunkt für die instinctive Thätigkeit der ganzen
Kolonie bildet, so verhält es sich auch mit der Baukunst der Ameisen im
Vergleich zu jener der Bienen: an die Stelle der gesetzmäßigen Gleich=
förmigkeit tritt eine wechselvolle Mannigfaltigkeit; an die Stelle des ein=
förmigen „Automatismus" des angebornen Instinctes tritt die intelligenz=
ähnliche Willkür der Bethätigung des sinnlichen Erkenntniß= und Strebe=
vermögens. Die wunderbare Plasticität des thierischen Instinctes zeigt
sich kaum irgendwo so klar und überzeugend als in der Baukunst der
Ameisen. Daher hat man auch gerade auf diesem Gebiete zahlreiche Be=
weise für die „individuelle Intelligenz" des Thieres zu finden geglaubt;
und in der That, wenn irgendwo im ganzen Thierreich etwas der
menschlichen Intelligenz vielfach täuschend Aehnliches vorliegt, dann ist es
eben hier.

---

[1] Eine neue Erklärung für die sechsseitige Gestalt der Bienenzelle und die aus
drei congruenten Rauten gebildete Pyramidenform ihres Bodens hat jüngst N. Lud=
wig gegeben in einer Abhandlung „Der Zellenbau der Honigbiene", in
Natur und Offenbarung 1896, 10. Heft, S. 598 ff. Nach seiner Ansicht rührt jene
besondere Form der Bienenzelle allein von der Construction der Wachswaben her,
wobei jede Zelle nur in Verbindung mit andern Zellen errichtet wird. Die Biene
besitzt nämlich den Trieb, aneinandergrenzende runde Zellenwände in eine einzige
Wand zusammenzufassen und durch von beiden Seiten aus erfolgendes Benagen bis
zu einer gewissen Widerstandsgrenze des Materials zu verdünnen. Daraus müssen
nothwendig flache Wandungen von obiger Gestalt hervorgehen. Die prismatische
Spitzsäulenform der Bienenzelle wäre hiernach nur ein Ergebniß der äußerst gleich=
mäßigen Arbeitsweise der an einer Wabe bauenden Arbeiterinnen. Allein=
stehende Zellen werden von den Bienen stets nur in Cylinderform mit halbkugel=
förmiger Boden= und Deckfläche gebaut; diese Gestalt ist nach N. Ludwig als die
eigentliche Grundform der Bienenzelle anzusehen, wie sie auch bei den Hummeln und
andern verwandten Hautflüglern sich findet.

2. Die Nester der Ameisen.

Zu einer vollständigen psychologischen Charakteristik der Baukunst der Ameisen müßten wir erstens die Nester der verschiedenen Ameisenarten untereinander vergleichen; zweitens wäre die Verschiedenheit der Nestbauten innerhalb einer und derselben Ameisenart zu betrachten; drittens müßten wir die Art und Weise untersuchen, wie die Ameisen einer und derselben Kolonie zum Nestbaue zusammenwirken, und endlich viertens die mannigfaltigen Anwendungen prüfen, welche die Ameisen von ihrer Baukunst zu andern Zwecken als zum eigentlichen Nestbau machen. Eine auch nur einigermaßen erschöpfende Behandlung dieser Probleme würde ein Buch von ganz ansehnlicher Dicke erfordern; wir müssen uns hier auf das Allernothwendigste beschränken und werden dabei vorzüglich auf jene Punkte eingehen, welche für die vergleichende Psychologie von besonderer Bedeutung sind.

Ungeachtet der großen Verschiedenheit der Nestbauten bei den Ameisen hat doch jede Ameisenart ihren eigenthümlichen Baustil, der sich von demjenigen anderer Arten mehr oder weniger unterscheidet. Manche Ameisen, z. B. unsere kleinen, schwarzbraunen Gartenameisen (Lasius niger) und die kleinen, gelben Wiesenameisen (Lasius flavus), sind fast ausschließlich Erdarbeiter. Ihr Nest ist in die Erde gegraben, und über dem unterirdischen Neste erhebt sich ein kleinerer oder größerer oberirdischer Erdbau, welcher die Grasstengel und Grashalme, die auf dem Neste wachsen, als natürliche Pfeiler und Balken für die Maurerarbeit verwendet. Andere Ameisenarten dagegen, wie unsere rothrückige Waldameise (Formica rufa), errichten „Ameisenhaufen", welche den volksthümlichsten Typus eines Ameisennestes in unserem nördlichen Erdstriche darstellen. Diese Ameisenhaufen sind sogen. gemischte Bauten, bei denen ein unterirdisches Erdnest mit einem oberirdischen Kuppelbau sich verbindet, der aus Erde und zusammengetragenen Kiefernadeln, Blatt- und Stengelstücken und andern trockenen Pflanzentheilen besteht. Die verschiedenen Ameisenarten, welche solche Ameisenhaufen bauen, befolgen ihrerseits wiederum verschiedene eigenthümliche Systeme in ihrer Bauart, so daß man bei einiger Uebung sofort an dem Baustil die Species der Erbauerin erkennen kann. Formica rufa baut anders als pratensis, pratensis anders als exsecta, exsecta anders als sanguinea. Das Universalwerkzeug, das gleich der menschlichen Hand zu den verschiedensten Arbeiten tauglich und geschickt ist, sind die Oberkiefer der Ameise; allerdings werden dieselben beim Ausgraben von Erdhöhlen und bei der Anlage von Erdbauten auch von den Vorderfüßen unterstützt, welche theils zum Aufscharren des Sandes, theils zum Festdrücken der Erdklümpchen mithelfen. Die Form dieser Werkzeuge, besonders des maßgebenden gezähnten Vorderrandes (Kaurandes), ist bei nahe verwandten Ameisenarten meist so ähnlich [1], daß die specifische Verschiedenheit des Baustils nur durch die instinctive Vorliebe der einzelnen Ameisenarten für ihre besondere Bauart erklärt werden kann.

Linker Oberkiefer einer Formica rufa.
(Arbeiterin.)
(Stark vergrößert.)

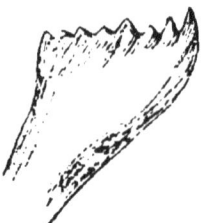
Rechter Oberkiefer einer Formica sanguinea.
(Arbeiterin.)
(Ebenso stark vergrößert.)

Mit einem mechanischen Automatismus der thierischen Thätigkeiten, welcher die Verschiedenheit der Instincte bloß aus der Verschiedenheit der körperlichen Werkzeuge begreiflich machen will, kann man bei den Ameisen nicht fertig werden: das eigentlich Maßgebende ist die psychische Mannigfaltigkeit der Instinctanlagen; durch sie werden die an sich indifferenten körperlichen Instrumente zu dieser oder jener Thätigkeit bestimmt.

Allerdings ist die Beschaffenheit der äußern Organe der Ameise bis zu einem gewissen Grade auch von entscheidender Bedeutung für die Art ihrer Baukunst. So sind z. B. die großen Roßameisen (Camponotus ligniperdus und ihre Verwandten) im Besitz einer größern Arbeiterform, deren gewaltiger Kopf mit seinen starken Kiefern ganz besonders dazu befähigt ist, in das Holz todter oder selbst noch lebender Baumstämme Gänge auszumeißeln. Daher verfertigen diese Arten vorzugsweise Holznester. Andere wiederum, zu denen unter unsern nordischen Emsen bloß die glänzend schwarze Holzameise (Lasius fuliginosus) gehört, bauen Cartonnester, indem sie die abgenagten Holzfasern durch den Kitt ihrer Speicheldrüsen zu einem groben, braunschwarzen Papiermaché verarbeiten, in welchem sie ihr eigentliches Nest anlegen. Viel vollkommenere Cartonnester verfertigen manche ausländische, amerikanische und indische Ameisen; dieselben gleichen unregelmäßigen, braunen oder grauen Wespennestern und sind an den Baumzweigen aufgehängt oder zwischen denselben an-

---

[1] Siehe die beigefügten Abbildungen. Beide sind mit Microscop Zeiss Syst. A₁ und Camera lucida Abbé gezeichnet.

gebracht. P. A. Schupp S. J. sandte mir aus Porto Alegre (Südbrasilien) mehrere Cartonnester von Cremastogaster sulcata, deren eines bei der Ankunft in Holland noch mehrere tausend lebende Insassen enthielt. Die ähnlichen Nester von Cremastogaster Schenki auf Madagaskar erreichen nach Sikoras Mittheilung manchmal einen solchen Umfang, daß ein erwachsener Mann in ihnen Platz finden könnte. Von diesen Cartonnestern sind wiederum die eigentlichen gesponnenen Nester zu unterscheiden, die nicht aus papierähnlichem Stoffe, sondern aus einem feinen Spinngewebe bestehen. Solche Gespinstnester verfertigt nach Wroughtons Beobachtungen[1] eine ostindische Ameise, Polyrhachis spinigera, zur Auskleidung der von ihr bewohnten Erdhöhlen. Andere indische und australische Ameisen der Gattungen Oecophylla und Polyrhachis bauen ein Nest, indem sie auf Bäumen Büschel von Blättern durch Gespinstfäden aneinander nähen.

Eine weitere Klasse von Ameisennestern, die jedoch gleichfalls nur in den Tropen zu finden ist, sind die natürlichen Hohlräume des Stammes, der Dornen oder der blasenförmigen Anschwellungen, welche die sogen. „ameisenführenden Pflanzen" bereit halten, um Ameisen als Einmiether anzulocken. Manche dieser Gewächse, wie die amerikanische Imbauba (Cecropia adenopus), bieten den Ameisen außer der Wohnung auch noch eine angenehme Nahrung in Form von eigenen, honigspendenden Nektarien an; als Entgelt dafür erhalten die ameisenführenden Pflanzen von ihren wehrhaften Einmiethern einen wirksamen Schutz gegen verschiedene Pflanzenfresser[2]. Man bezeichnet dieses Wechselverhältniß als Symbiose (Vergesellschaftung) der betreffenden Pflanzen mit ihren Ameisen; es besitzt in der That einige Aehnlichkeit mit den Vergesellschaftungen, die zwischen Thieren verschiedener Arten, beispielsweise zwischen den Ameisen und ihren Gästen — den Keulenkäfern (Claviger), den Büschelkäfern (Lomechusa, Atemeles) u. s. w. — bestehen. Aber auch dort, wo die Hohlräume der pflanzlichen Gebilde an und für sich nicht zur Aufnahme von Ameisen bestimmt sind, enthalten dieselben, namentlich in den vegetationsreichen amerikanischen Tropen, sehr oft Ameisennester. In den Savannen von

---

[1] Our Ants part I, p. 25 (Journal of the Bombay Nat. Hist. Soc. 1892).
[2] Vgl. Fritz Müller, Die Imbauba und ihre Beschützer (Kosmos VIII, 109), und A. F. W. Schimper, Die Wechselbeziehungen zwischen Pflanzen und Ameisen im tropischen Amerika. Jena 1888. Ferner H. v. Ihering, Die Ameisen von Rio Grande do Sul, in: Berl. Entom. Zeitschr. 1894, 3. Heft, S. 354 und 364 ff.

Columbia, welche Aug. Forel im Winter 1895 auf 1896 besuchte, traf er die Nester von weitaus den meisten Ameisenarten, die auf acht verschiedene Gattungen sich vertheilten, in den trockenen Stengeln von Gräsern[1]. Forel ist deshalb der Ansicht, daß im Steppen= und Waldgebiete des tropischen Amerika die Stengelnester und ähnliche Nester in hohlen Pflanzentheilen die dem dortigen Klima entsprechende typische Nestform seien, während in unsern Erdstrichen die Erdnester und die aus Erde und Pflanzentheilen gemischten Hügelbauten den gewöhnlichsten Typus eines Ameisennestes darstellen.

Bei dem Vergleiche der mannigfaltigen Nestformen[2], die wir bei den verschiedenen Ameisenarten treffen, zeigt sich bereits, daß die besondere Eigenart des Nestbaues in viel geringerem Grade durch die specielle Beschaffenheit der Körperwerkzeuge der Erbauer bedingt wird, als es bei den meisten übrigen Kunsttrieben der Insecten und anderer Thiere der Fall ist. Die Form der Ameisenkiefer, der Besitz von leimabsondernden Speicheldrüsen oder von eigentlichen Spinndrüsen geben gleichsam nur die allgemeinen Grundrisse der betreffenden Bauart an. Die specifische Verschiedenheit der Nestformen wird erst durch die Verschiedenheit der instinctiven Neigungen ihrer Werkmeister näher bestimmt. Innerhalb dieser durch die erbliche Instinctanlage gesteckten Grenzen eröffnet sich dann noch ein weiter, sehr weiter Spielraum für die individuelle Bethätigung des sinnlichen Erkenntniß= und Strebevermögens der betreffenden Arbeiterameisen. Daher kommt es auch, daß namentlich die Erdbaukünstler oder Holzbaukünstler unter den Ameisenarten häufig die Gelegenheit benutzen, eine für ihre Zwecke schon halbfertige Wohnung, die sie zufällig vorfinden, in Beschlag zu nehmen und zu einem Ameisenheim für die eigene Kolonie herzurichten. So eine besonders anziehende Stätte sind z. B. auf unserer nordischen Heide alte, morsche Baumstrünke, in denen bereits seit Jahrzehnten eine Menge Borkenkäfer und Bockkäferlarven und andere Holzbohrer die Freundlichkeit hatten, ein weitverzweigtes System von Gängen und Kammern auszuhöhlen und dadurch den Ameisen ein Quartier zu bereiten. Diese brauchen dann nur einzuziehen, die frühern Bauherren,

---

[1] Quelques particularités de l'habitat des fourmis de l'Amérique tropicale (Extr. d. Ann. d. l. Soc. Entom. Belg. [1896], t. XL, p. 167 ss.) und „Zur Fauna und Lebensweise der Ameisen im columbischen Urwald", in: Mittheil. b. schweiz. Entom. Gesellsch. Bd. IX, 9. Heft.

[2] Vgl. über dieselben besonders auch Forel, Die Nester der Ameisen. Zürich 1892.

2. Die Nester der Ameisen.

falls solche noch zu Hause sind, aufzufressen, die Wohnung zu reinigen, die überzähligen Ausgänge mit Erde oder Holzmehl zu verschließen und aus demselben Material gelegentlich auch noch einige Scheidewände für die Nestkammern zu bauen. Stellt sich bei der Occupation vielleicht heraus, daß ein Theil des Strunkes bereits von einer andern Ameisen= kolonie bewohnt ist, so wird der Nachbar ohne Complimente umgebracht oder vor die Thüre gesetzt. Gelingt dies nicht, was namentlich dann ein= tritt, wenn die beiden Nachbarn an Kampfestüchtigkeit ebenbürtig, an Körpergröße und Bewaffnung aber sehr verschieden sind, so verträgt man sich eben nebeneinander. Die beiden Nester werden durch Scheidewände voneinander getrennt, und der Baumstrunk beherbergt nun ein „zusammen= gesetztes Nest".

„Gestohlene Nester" sind eine nicht selten vorkommende Rubrik von Ameisenbauten, wie man besonders dort beobachten kann, wo es viele Steine gibt; unter Steinen legen nämlich fast alle erdbewohnenden Ameisen= arten mit Vorliebe ihre Nester an, da ihnen dadurch ein großer Theil der Erdarbeit erspart und dem Bau eine größere Festigkeit verliehen wird, und endlich die erwärmende Wirkung der Sonnenstrahlen dem Nestinnern in höherem Grade zu gute kommt. Aber auch auf der Heide, wo Steine eine Seltenheit sind, begegnet man hier und da den Spuren von solchen Wohnungsdiebstählen. Ein Nest von Formica sanguinea[1], auf welches ich vor zwei Jahren eine Heidekrautscholle gelegt hatte, die ihr fortan als Nestdach diente, war im folgenden Jahre (1895) in den Besitz einer Kolonie von Lasius niger übergegangen; in diesem Jahre (1896) ist es wiederum von Formica sanguinea bewohnt. Kürzlich traf ich an einer andern Stelle derselben Gegend bei Exaeten einen ziemlich umfang= reichen Erdhügel, dessen Stützpunkt ein Heidekrautbusch bildete, von einer starken Kolonie der Formica rufibarbis besetzt. Diese hatte bereits auf der Oberfläche einen kleinen Haufen von trockenen Heidekrautblättchen zu= sammengetragen, wie sie es in hiesiger Gegend gewöhnlich thut. Der Erdhügel selber erwies sich jedoch durch seine Bauart als ein ehemaliges Nest von Lasius niger, welches von den rufibarbis in Beschlag ge= nommen worden war. Ob die ursprünglichen Erbauer des Nestes zur Zeit der fremden Occupation dasselbe schon verlassen hatten oder ob sie zur Räumung desselben durch Gewalt gezwungen wurden, darüber schweigt die Geschichte.

---

[1] Kolonie Nr. 155 der Statistischen Karte.

3. Die Nester der blutrothen Raubameise.

Wie groß die Schmiegsamkeit und Anpassungsfähigkeit des Nestbauinstinctes bei den Ameisen ist, das sieht man wohl am besten, wenn man die Nester der blutrothen Raubameise (Formica sanguinea) betrachtet. Bei Angehörigen ein und derselben Art, welche dieselbe specifische Naturanlage besitzen, herrscht hier eine so große Mannigfaltigkeit des Nestbaues, daß von einem „Automatismus" des Instinctes, welcher eine völlig gleichförmige und einförmige Ausführung der erblichen instinctiven Thätigkeiten verlangt, kaum noch eine Spur übrig bleibt. Wie diese Ameise überhaupt einen hohen Grad von „individueller Intelligenz" im Sinne der modernen Thierpsychologie besitzt, weil sie ihre angebornen instinctiven Neigungen und Fertigkeiten unter dem Einflusse der äußern Sinneswahrnehmung und Sinneserfahrung den verschiedensten Verhältnissen zweckmäßig anzupassen vermag, so verhält es sich auch mit ihrem Nestbau. Infolge der Statistik, welche ich über die sanguinea-Kolonien der Umgegend von Exaeten aufgenommen habe, kenne ich in hiesiger Gegend über 600 Nester dieser Ameisenart, welche sich auf rund 250 Kolonien vertheilen. Die Bauart der Nester ist sehr verschiedenartig. Weitaus die meisten sind unterirdische Erdnester, entweder frei auf dem Heideboden oder unter einem Heidekrautbüschel oder unter einer losen Heidescholle oder unter einem Steine oder am Fuße eines Baumes angelegt. Mit diesem unterirdischen Erdnest verbindet sich in den meisten Fällen ein oberirdischer kleinerer oder größerer Haufen von trockenen Heidekrautblättchen, welcher auf der Nestoberfläche zusammengetragen und mit der aus den Gängen herausgeschafften Erde und den Zweigen des Heidekrautbusches, der ihm als Stütze dient, theilweise zu einem gemischten Bauwerke verschmolzen ist. Bei großen Nestern kann dieser Haufen einen Umfang von mehreren Metern und eine Höhe von einigen Decimetern erreichen (z. B. bei Kolonie Nr. 208, 216, 118); oft ist er aber auch bloß sehr unscheinbar oder fehlt in manchen Fällen sogar gänzlich. Neben diesen Erdnestern baut Formica sanguinea aber auch Wohnungen in morschen Kiefernstrünken oder Eichenstubben, bald unter der losen Rinde, bald im morschen Holzwerk, bald in den faulen Wurzeln; häufig zieht sich noch ein Erdbau um den alten Strunk herum, manchmal jedoch ist die ganze Wohnung bloß in letzterem selber angelegt. Das Nest einer der hiesigen Sanguinea-Kolonien (Nr. 112 der statistischen Karte) befindet sich in einer hohen, noch lebenden Eiche, in dem Mulme und den

Holzspalten einer dreiviertel Meter über dem Erdboden befindlichen Höhlung des Baumes. Aus diesen Angaben geht hervor, daß die blutrothe Raubameise ihren Nestplatz außerordentlich mannigfaltig zu wählen und den Bau des Nestes den verschiedensten örtlichen Umständen anzupassen vermag. Folgende Beobachtung dürfte dies noch bestätigen. In der nächsten Umgebung von Exaeten überwiegen die Erdnester, zwei Kilometer weiter bei dem Dorfe Grathem dagegen ist die Mehrzahl der Nester in morschen Kiefernstrünken angelegt, weil an jener Stelle der Boden mehr torfartig ist und die Anlage von Erdbauten erschwert.

Ebenso wechselvoll wie die **Bauart** erweist sich auch die **Zahl** der Nester, welche eine Kolonie von Formica sanguinea besitzen kann. Unter den oben erwähnten 250 mir näher bekannten hiesigen Kolonien sind nur wenige, die bloß **ein** Nest haben. Es sind dies meist schwache Völkerschaften, die wegen ihrer geringen Individuenzahl kein Bedürfniß nach mehreren Nestern empfinden. In einzelnen Fällen dagegen hat jedoch auch eine sehr starke Kolonie nur ein einziges Nest, das dann an einem besonders günstigen Platze, meist an dem Fuße einer Kiefer, sich befindet (z. B. Kolonie 208 und 216); hier bietet eben die Concentration des Nestbaues größere Vortheile als die Anlage einer größern Zahl verschiedener Nester. Weitaus die meisten sanguinea=Kolonien haben dagegen mehrere Nester, zwei bis acht an der Zahl, welche näher beisammen oder weiter voneinander entfernt liegen können und theils gleichzeitig theils abwechselnd bewohnt werden. Die gegenseitige Entfernung der einzelnen Nester einer Kolonie beträgt meist nur $1\frac{1}{2}$ bis 4 m, kann aber auch 10—20 m oder darüber erreichen. Letzteres gilt namentlich für die **Saisonresidenzen**, vorzüglich für das Winter= und das Sommernest. Viele, aber keineswegs alle, hiesigen sanguinea=Kolonien haben nämlich ein eigenes Winterquartier, welches im Gebüsch unter den Wurzeln von Bäumen oder Strünken gelegen ist und einen tiefen, warmen Schlupfwinkel für die kalte Jahreszeit bietet; das Sommernest, das oft wiederum aus mehreren Einzelnestern besteht, liegt dagegen meist frei am Rande des Gebüsches. Hier kann man an den ersten warmen Tagen im März und April regelmäßig den Umzug der Ameisen aus ihrem Winterquartier in die Sommerresidenz sehen. Im September oder spätestens Anfang October findet dann abermals ein Wohnungswechsel in der umgekehrten Richtung statt. Außer diesen periodischen Umzügen ereignet sich aber auch nicht selten gelegentlicher Nestwechsel von Formica sanguinea innerhalb der warmen Jahreszeit; meist sind es besondere Witterungs=

verhältnisse, was dazu den Anlaß gibt. Wird es den blutrothen Raubameisen infolge anhaltender Dürre und Hitze an ihrem alten Nestplatze an der Südseite eines Kiefernwaldes zu unbehaglich, so wandern sie aus und ziehen mit Kind und Kegel an eine schattigere Nordseite; Ende Mai 1896 habe ich bei mehreren Kolonien einen Nestwechsel in dieser Richtung beobachtet. Wenn dann längere Zeit kühles und regnerisches Wetter eintritt, so packen sie abermals ein und ziehen aus der Sommerfrische wieder an die alte Stelle zurück. Eine ähnliche Erscheinung, jedoch wiederum von anderer Art, begegnete mir am 20. Juni 1896. Nachdem in den vorhergehenden Tagen mehrmals heftige Gewitterregen niedergegangen waren, zog eine Reihe von sanguinea-Kolonien, welche bisher in Erdnestern gewohnt hatten, aus und ließ sich in alten Eichenstubben nieder, welche gegen das Eindringen des Regenwassers bessern Schutz boten. Wer jede zweckmäßige Abänderung der instinctiven Thätigkeiten, welche durch die sinnliche Wahrnehmung und sinnliche Erfahrung des Thieres verursacht wird, als „Intelligenz" bezeichnet, wird nicht umhin können, diesen Ameisen einen ganz ansehnlichen Grad von Thierverstand zuzuerkennen; denn auch bei den höchsten Säugethieren finden wir kaum einen höhern Grad von „psychischer Plasticität", als ihn die blutrothen Raubameisen durch die oben erwähnten Thatsachen bekunden. Wie jedoch bereits in einer frühern Schrift[1] eingehend begründet wurde, ist eine derartige Anwendung des Wortes „Intelligenz" völlig verfehlt; denn die betreffenden Erscheinungen lassen sich befriedigend aus dem instinctiven Sinnesleben erklären und enthalten somit keinen Beweis für ein intelligentes Geistesleben des Thieres. Das beobachtende Menschenkind mag allerdings an Stelle der Ameisen folgendermaßen denken: in den letzten Tagen hat es stark geregnet; da sind wir und unsere Kinder pudelnaß geworden; nun wollen wir aber nicht abermals naß werden; um jedoch nicht abermals naß zu werden, müssen wir eine andere Wohnung beziehen, wo es nicht hineinregnen kann; zu diesem Zwecke empfehlen sich aber jene alten Eichenstubben ganz vorzüglich: also verlegen wir unser Heim dorthin. — Wir sagen dagegen: die ganze Geschichte erklärt sich ohne Annahme einer Thierintelligenz viel einfacher durch die dem Instinctleben zugehörigen sinnlichen Vorstellungsassociationen: den Ameisen gefällt es eben infolge der unangenehmen Erfahrungen an dem alten Nestplatze nicht mehr, deshalb suchen sie einen andern; und daß ihnen nun gerade

---

[1] Instinct und Intelligenz im Thierreich.

die trockenen Eichenstubben unter diesen Umständen einladend erscheinen, ist durch die zweckmäßige Anlage ihres sinnlichen Erkenntniß- und Begehrungsvermögens zu erklären. Daß die Ameisen sich dabei der Zweckmäßigkeit dieses Nestwechsels vernünftig bewußt sind, ist eine unbewiesene Behauptung, auf welche wir nur zu entgegnen brauchen: quod gratis asseritur, gratis negatur; oder mit andern Worten: wir dürfen nicht mit der vulgären Psychologie den Thieren menschliche Ratiocinien willkürlich unterschieben. Leute wie Ludwig Büchner mögen immerhin einen Beweis für die „hohe Intelligenz" der Ameisen darin erblicken, daß z. B. Leptothorax acervorum im Flachlande meist unter Baumrinde, in den Alpen dagegen unter Steinen nistet[1]. Uns gilt die noch viel staunenswerthere Anpassungsfähigkeit des Nestbauinstinctes von Formica sanguinea keineswegs als Exempel für die Thierintelligenz, sondern bloß für den Thierinstinct, dessen mannigfaltige Thätigkeiten ebensowenig auf einem mechanischen Automatismus als auf individueller Ueberlegung des Thieres beruhen, sondern auf der zweckmäßigen Anlage seines sinnlichen Erkenntniß- und Begehrungsvermögens.

Wie die Ameisen, insbesondere die blutrothen Raubameisen, ihre Nestbaukunst den verschiedensten Oertlichkeiten und Saisonverhältnissen zweckmäßig anzupassen vermögen, so zeigt derselbe Instinct auch eine große Schmiegsamkeit gegenüber andern Factoren, z. B. gegenüber den Angriffen äußerer Feinde. Eine schwache Kolonie von Formica sanguinea baut ihr Nest verborgener als eine starke. Dies ist namentlich dann der Fall, wenn andere feindliche Ameisenarten in der Nähe sind und ihnen Besuche abstatten. So hatte sich die Kolonie 166 der Statistischen Karte, welche von benachbarten pratensis andauernd behelligt wurde, schließlich dermaßen versteckt, daß ich an ihrem alten Nestplatze lange suchen mußte, bis ich sie wiederfand. Daß Kolonien derselben Raubameise infolge einer durch Menschenhand verursachten Störung auswandern und anderswo eine neue Wohnung beziehen, ist eine Erscheinung, die ich zu meinem Aerger oft genug erfahren habe. Bei manchen schwächern Kolonien genügte es hier und da bereits, ihnen eine Heidekrautscholle auf das Nest zu legen, um sie zur Auswanderung zu veranlassen. Dies ist um so

---

[1] Büchner, Geistesleben der Thiere S. 73. Büchner schreibt daselbst statt Leptothorax acervorum irrthümlich Lasius acervorum. Romanes hat in seinem Werke „Die geistige Entwicklung im Thierreich" (Leipzig 1885, S. 268) die betreffende Stelle Büchners offenbar copirt, da er jene Ameisenart noch irrthümlicher Lasius acerborum nennt.

befremdlicher, da jene Heideschollen von den meisten sanguinea-Völkern als Dach für ihren Nestbau gerne angenommen werden. Andere Kolonien wanderten infolge meiner wiederholten Besuche zwar nicht aus, aber sie legten ihre Wohnung verborgener an als früher. Ein auffallendes Beispiel dieser Art bot die mittelstarke Kolonie 36. Ihr Nest hatte ursprünglich das äußere Ansehen anderer Erdnester von derselben Stärke; die Scholle, die ich ihnen auf den Bau gelegt hatte, war von ihnen als Nestdach benutzt und mit einem Häufchen trockener Heidekrautblättchen bedeckt worden. Da ich sie jedoch oft besuchte und jedesmal die Scholle lüftete, um in das Innere ihres Baues zu sehen, verschlossen sie nicht bloß die alten Nesteingänge, legten andere in weiterer Entfernung vom Neste an und ließen sich viel seltener draußen sehen, sondern auch der kleine Haufen pflanzlichen Materials verschwand allmählich von der Nestoberfläche, indem er von Regen und Wind nach und nach fortgeschwemmt und fortgeweht und von den Ameisen nicht erneuert wurde. Ihr Instinct leitete sie offenbar dazu an, wegen der oftmaligen Störungen ihr Nest zu verschließen und zu verbergen.

Professor August Forel berichtet[1], daß eine von ihm aus Algier mitgebrachte und in einen Garten bei Zürich versetzte Kolonie von Myrmecocystus altisquamis daselbst nach und nach ihre gewöhnliche Nestbauart änderte, und zwar infolge der wiederholten Beunruhigungen von seiten der kleinen Ameisen Lasius niger und Tetramorium caespitum. Während jene Myrmecocystus-Art unter normalen Verhältnissen weit offene Nesteingänge hat, verengerte sie dieselben hier zum Schutze gegen das Diebsgesindel immer mehr und verschloß dieselben schließlich fast vollständig. Diese Aenderung des Nestbaues ist ganz ähnlich derjenigen, die wir oben bei der Kolonie 36 von Formica sanguinea erwähnten; sie ist auch psychologisch auf dieselbe Weise zu erklären. Die wiederholten unangenehmen Erfahrungen, welche die Ameisen durch die fremden Störenfriede machten, bewogen sie dazu, ihr Nest, entgegen ihren sonstigen Gewohnheiten, zu verschließen und zu verstecken. Für die hohe Plasticität des Instinctes der Ameisen bieten diese Thatsachen, wie auch Forel hervorhebt, einen unwiderleglichen Beweis. Dieser Instinct ist eben kein bloßer Nervenmechanismus, der sich stets in gleichförmiger Weise bethätigen müßte; er umschließt ein sinnliches Erkenntniß- und Strebevermögen, das nicht bloß organischer, sondern auch psychischer Natur ist; daher kann durch

---

[1] Les Formicides de la Province d'Oran (Lausanne 1894) p. 8; vgl. auch Forels Aperçu de Psychologie comparée p. 24.

neue sinnliche Wahrnehmungen und sinnliche Erfahrungen auch manchmal eine zweckmäßige Abänderung der gewöhnlichen Handlungsweise des Thieres herbeigeführt werden. Eine mit der menschlichen Intelligenz wesentlich gleichartige Erkenntnißfähigkeit brauchen wir deßhalb dem Thiere keineswegs zuzuschreiben; ja wir dürfen es gar nicht, falls wir wissenschaftlich vorangehen wollen. Die vulgäre Psychologie mag immerhin in jeder Bethätigung des Instinctes, bei welcher die sinnliche Erfahrung des Thieres irgend eine Rolle spielt, ein „geistiges Reflexionsvermögen" erblicken. Diese kritiklose Auffassung zwingt sie dann auch selbstverständlich dazu, den Ameisen einen mindestens ebenso hohen Grad von „individueller Intelligenz" zuzuschreiben wie den höchsten Säugethieren; denn bei diesen ist eine so hohe Plasticität des Instinctes seltener zu finden als bei den Ameisen. Aus diesen Folgerungen, welche von der modernen Entwicklungstheorie selber für absurd erklärt werden, ergibt sich die widerspruchsvolle Unhaltbarkeit jener modernen Thierpsychologie.

4. Wie bauen die Ameisen ihr Nest?

Jedes Ameisennest ist trotz seiner Regellosigkeit immerhin ein einheitlicher Bau, bestehend aus einer oder mehreren Nestkammern und den dazu gehörigen Galerien und den Eingängen, die es mit der Außenwelt verbinden. Wir stehen daher vor der Frage: Wie wirken die Mitglieder einer Kolonie zur Entstehung desselben zusammen?

Schon vor fast hundert Jahren hat Peter Huber[1] die Ameisen bei dem Bau ihrer Nester aufmerksam beobachtet und den Fleiß und die Geschicklichkeit der kleinen Thiere in meisterhafter Weise geschildert. Wer an einem schönen Frühlingstage den Waldameisen (Formica rufa) beim Bau ihres Haufens zusehen oder während eines warmen Frühlingsregens die kleinen schwarzen Gartenameisen (Lasius niger) beim Bau ihres Erdnestes belauschen will, kann sich von der Richtigkeit jener Beobachtungen selber überzeugen.

Das Zusammenwirken der einzelnen Arbeiterinnen bei ihren Nestbauten ist verschieden bei verschiedenen Arten, bei den einen größer, bei den andern geringer; nirgendwo jedoch ist es ein maschinenmäßiges, von einer starren Schablone beherrschtes Zusammenwirken, sondern jede Ameise folgt dabei

---

[1] Recherches sur les mœurs des fourmis indigènes (1810). Nouvelle édition 1861. Chap. 1.

mit ſichtlicher Willkür ihrer eigenen Bauluſt und ihrem eigenen Bauplan. Daß trotzdem ein einheitliches Werk, ein aus zuſammenhängenden Kammern und Gängen beſtehendes Neſt zu ſtande kommt, wird vorzüglich durch den Nachahmungstrieb bewirkt. Die eifrigſte und geſchickteſte Arbeiterin hat gewöhnlich auch die meiſten Nachahmerinnen; ihr Eifer ſteckt gleichſam die übrigen an und lenkt ihre Bauluſt in dieſelbe Richtung. Bei den Arbeiten der Waldameiſe (Formica rufa) und der kleinen braunſchwarzen Gartenameiſe (Lasius niger) herrſcht dieſe durch den Nachahmungstrieb vermittelte Gemeinſamkeit des Handelns gewöhnlich vor. Formica fusca, die grauſchwarze oder Sklavenameiſe (Hubers fourmi noir-cendrée), iſt dagegen eine jener Arten, bei denen die gegenſeitige Unabhängigkeit der einzelnen Arbeiterinnen bei ihrer Bauthätigkeit beſonders augenfällig ſich zeigt. Daſſelbe gilt auch für die nahe verwandte Formica rufibarbis (Hubers fourmi mineuse). Bei dieſen beiden Ameiſen habe ich oft geſehen, wie eine Arbeiterin die Erdklümpchen, welche eine andere ſoeben an einer beſtimmten Stelle zu einer Mauer aufbaute, wiederum fortholte, um ſie anderswo zu verwerthen, wo es ihr gerade beſſer gefiel. Für einen Beobachter, der die Lebensgewohnheiten der Ameiſen nur oberflächlich kennt und ſich ſelber in das Thier hineinzudenken pflegt, gewinnen ſolche Vorgänge nicht ſelten den Anſchein, als ob eine Ameiſe das Werk der andern „abſichtlich corrigire". Wirklich haben populärwiſſenſchaftliche Schriftſteller eine hierher gehörige Beobachtung von Peter Huber[1] in dieſem Sinne ausgelegt und einen ganz reizenden Beweis für die Intelligenz der Thiere daraus gemacht. Eine derartige willkürliche Verdrehung der einfachſten Vorgänge kann allerdings auf Wiſſenſchaftlichkeit keinerlei Anſpruch erheben.

Wie bauen die Ameiſen ihr Neſt? Mit zweckmäßiger Benutzung der ſich ihnen augenblicklich bietenden Verhältniſſe und mit kluger Berückſichtigung der wechſelnden Umſtände. Wenn im Frühling ein ſanfter warmer Regen fällt und die trockene Erde weich und bildſam zu machen beginnt, erwacht bei den erdarbeitenden Ameiſenarten ſofort die Luſt zum Bauen. Zu Hunderten ſtrömen die fleißigen Thierchen aus ihren Neſtern und legen Klümpchen auf Klümpchen zur Anlage neuer Kammern und Gänge, wobei ſie Grashalme, Heidekrautzweige, Blattſtücke und andere ſich ihnen darbietende natürliche Stützen als Pfeiler oder Gewölbe mitverwerthen. Letztere Hilfsmaterialien werden zum Theil auch erſt zu dieſem Behufe herbei-

---

[1] L. c. p. 48.

geschleppt; unsere blutrothe Raubameise verräth eine besondere Meisterschaft in der Verbindung von Zimmermannsarbeit und Maurerarbeit.

Was bei den erdarbeitenden Ameisen besonders auffällt, ist die zweckmäßige Anpassung ihres Instinctes an die wechselnden Temperatur- und Feuchtigkeitsverhältnisse. In Beobachtungsgläsern, in denen ich kleine Kolonien von Lasius niger, Tetramorium caespitum und Myrmica scabrinodis hielt, ließ sich dies regelmäßig wahrnehmen. Stieg die Feuchtigkeit im Neste zu hoch, so begannen die Ameisen alsbald die Erde zu einer von unzähligen Oeffnungen durchbohrten Kuppel aufzuthürmen, die fast wie ein Stück Badeschwamm aussah; dadurch wurde die Verdunstung des überflüssigen Wassers befördert. Nahm dagegen die Feuchtigkeit zu sehr ab, so daß das Nest auszutrocknen drohte, so wurde es im entgegengesetzten Sinne umgebaut; es wurde jetzt möglichst niedrig und flach angelegt und seine Oberfläche nur von wenigen Oeffnungen durchbohrt. Die Angemessenheit dieses Verfahrens springt in die Augen. Man kann dasselbe auch draußen in freier Natur oft genug beobachten, sowohl bei jenen Arten, welche bloß Erdkuppeln errichten, als bei jenen, welche eigentliche Ameisenhaufen bauen. Es ist eine von mir wiederholt constatirte und sogar den Landleuten bekannte Thatsache, daß die Haufen der Waldameisen in einem trockenen und heißen Sommer niedriger und flacher angelegt werden als in einem feuchten und kühlen Sommer. Die erstere Bauart hat den Zweck, die Verdunstung der Feuchtigkeit möglichst zu beschränken und den heißen Sonnenstrahlen eine möglichst geringe Fläche zu bieten; je höher und gewölbter dagegen der Haufen gebaut wird, desto leichter läuft das Regenwasser ab, und desto größer ist auch die Verdunstungsoberfläche wie die Heizoberfläche. Die Ameisen müßten in der That sehr intelligent sein, wenn sie durch eigene Ueberlegung auf diese zweckmäßigen Modificationen des Nestbaues verfielen. Berücksichtigt man jedoch, daß jene intelligenzähnlichen Anpassungen an die wechselnden Temperatur- und Feuchtigkeitsverhältnisse bereits in dem Princip des Kuppelbaues, also in der specifischen Bauweise der betreffenden Ameisenarten grundgelegt sind, so wird man unschwer erkennen, daß es sich um Instinct handle und nicht um Intelligenz. Der specifische Bauplan ist ohne Zweifel ein instinctiver, was wenigstens von wissenschaftlicher Seite zugegeben werden wird. Die Anpassung desselben an die wechselnden Umstände erfolgt aber unter dem Einflusse der sinnlichen Wahrnehmung und sinnlichen Erfahrung des Thieres, also durch die Bethätigung desselben sinnlichen Erkenntnißvermögens, auf dessen erblicher, eigenartiger Anlage (Instinct) der specifische Bauplan der betreffenden Ameisenart beruht. Weshalb also ein fremdes Element, Intelligenz genannt, zwischen diese Anlage und ihre Bethätigung einschieben? Es ist doch viel einfacher und natürlicher, aus ein und demselben Princip die ganze psychische Thätigkeit des Thieres zu erklären. Wer den Instinct nicht irrthümlicherweise für einen mechanischen Automatismus hält, braucht gar keine Thierintelligenz zur Erklärung derartiger Erscheinungen anzunehmen.

Vergleichen wir nun die Baukunst der Ameisen mit derjenigen der Vögel. Wir bemerken da manche wichtige Unterschiede. Kunstvoller[1] und regelmäßiger sind die Vogelnester gebaut; aber sie tragen dafür auch das unverkennbare Gepräge der Einförmigkeit, der Gleichförmigkeit innerhalb derselben Art, das Gepräge der Instinctproducte im engsten Sinne. Zudem ist die Baukunst der Vögel, wie besonders Altum[2] in vortrefflicher Weise nachgewiesen hat, eine Function des Fortpflanzungstriebes. Sie erwacht in einem bestimmten Stadium der Entwicklung dieses Triebes, erreicht mit seinem Höhepunkt auch den ihrigen, um nachher wieder unaufhaltsam zu sinken. Daher sind die Nester der ersten Bruten im Frühling gemeiniglich besser gebaut als jene der spätern. Die Uebung macht hier nicht den Meister, sondern den Stümper[3]. Bei den Ameisen dagegen ist die Fertigkeit im Bauen ein Vermögen, welches den Arbeiterinnen für ihr ganzes Leben eigen ist, unter den verschiedensten Umständen zweckmäßig sich bethätigt und auch bis zu einem gewissen Grade durch sinnliche Erfahrung vervollkommnet, d. h. den neuen Wahrnehmungen entsprechend abgeändert werden kann. Allerdings vermögen auch viele Vögel ihren Nestplatz und ihr Nestmaterial veränderten Verhältnissen einigermaßen anzupassen[4]; auch ihr Instinct ist kein mechanischer Automatismus, weil er durch das sinnliche Erkenntnißvermögen des Thieres in seiner Thätigkeit geleitet wird. Der Bauplatz und das Nestmaterial variiren bei manchen Vogelarten je nach der Oertlichkeit; ferner sind die einzelnen

---

[1] Uebrigens ist diese Kunst auch oft übertrieben worden. Vgl. „Die Baukunst der Vögel auf ihren wahren Werth zurückgeführt", in: Jahrbuch d. Naturwissensch. I (1885—1886), 198.

[2] Der Vogel und sein Leben. 5. Aufl. S. 146 ff.

[3] Aehnlich verhält es sich auch mit dem kunstvollen Nestbau des Trichterwicklers unter den Käfern. Vgl. Wasmann, Der Trichterwickler S. 78 ff.

[4] Manche Beispiele hierfür finden sich in „Westfalens Thierleben" II. Bd. Ferner auch in Darwins nachgelassener Abhandlung über den Instinct (Romanes, Entwickl. im Thierreich, Anhang, S. 393 ff.).

4. Wie bauen die Ameisen ihr Nest?

Individuen in der Wahl des Neststoffes nicht sklavisch an ein bestimmtes Material gebunden, sondern verwenden nicht selten auch Papierschnitzel, Roßhaare, Baumwolle und andere ihnen zufällig gebotene Stoffe in zweckmäßiger Weise für ihren Nestbau. Jene Vögel, welche mehr oder minder offen baliegende Nester bauen, vermeiden instinctiv solche Neststoffe, deren Färbung mit jener der nächsten Umgebung des Nestes auffallend contrastirt; dabei leitet sie offenbar ihr sinnliches Wahrnehmungsvermögen. Meist wird die schützende Aehnlichkeit des Nestes mit seiner Unterlage bereits ganz von selber durch die Anwendung des natürlichen Nestmaterials der betreffenden Vogelart erreicht; manchmal dienen hierzu jedoch auch zufällig sich bietende fremde Stoffe. Ein Freund schreibt mir hierüber: „In Blijenbeck (im nördlichen Theil von Holländisch-Limburg) hatte ich Gelegenheit zu beobachten, wie Finken ganz ‚ingeniös‘ ihr Nest mit Hilfe von kleinen Papierschnitzeln den grauweißen Baumflechten ähnlich und dadurch ganz unkenntlich zu machen verstanden."[1] Die Aehnlichkeit des Gesichtseindruckes, den die weißen Baumflechten und die Papierschnitzel auf das sinnliche Wahrnehmungsvermögen jener Buchfinken machten, erklärt das scheinbar so ingeniöse Verfahren auf ganz natürliche Weise.

Wer eine derartige Betheiligung des sinnlichen Erkenntnißvermögens bei den Vögeln mit Darwin[2] fälschlich als Intelligenz bezeichnet, der muß den Ameisen jedenfalls einen noch höhern Grad von Intelligenz zuerkennen; denn es ist unläugbar, daß beim Nestbau der Vögel die specifische Gleichförmigkeit über die individuelle Mannigfaltigkeit bedeutend überwiegt, während bei den Ameisen das Gegentheil der Fall zu sein pflegt; die „psychische Plasticität" des Bauinstinctes der Ameisen ist ohne Zweifel eine größere.

Was aber die Baukunst der Ameisen besonders von jener der Vögel unterscheidet — und zwar zu Gunsten der erstern —, das ist der gleichsam universelle Gebrauch, den sie, wie wir gleich noch näher sehen werden, von derselben machen. Die Vögel sind bloß Nestbauer, und dieses Nest dient bloß als Brutstätte für die Jungen; außerhalb der Paarungszeit kennt der Vogel sein Nest nicht mehr, und es fällt ihm nicht ein, dasselbe etwa als Privatwohnung zu benutzen. Bei den Ameisen dagegen ist das Nest eine dauernde Wohnung für die ganze Familie und oft auch noch für fremde, gastlich behandelte Mitglieder anderer Thier-

---

[1] Ch. Darwin erwähnt (a. a. O. S. 417) ebenfalls ein von Hewitson beschriebenes Buchfinkennest, bei dem Papierschnitzel statt Flechten verwendet waren.

[2] A. a. O. S. 414.

arten. Die Baufertigkeit wird endlich von den Ameisen nicht bloß zum Nestbau verwandt, sondern noch zu vielen andern Zwecken. Bevor wir jedoch zu diesen übergehen, wollen wir noch die Baukunst der **Säugethiere** mit jener der Ameisen vergleichen.

Insofern die Bauten vieler Säugethiere nicht bloß Nester, sondern auch dauernde Wohnstätten für die Alten und ihre Jungen sind, haben sie größere Aehnlichkeit mit den Nestern der Ameisen als mit jenen der Vögel; die allbekannten Bauten des Dachses, Fuchses und des wilden Kaninchens bieten Beispiele hierfür. In manchen Fällen dienen dieselben Bauten auch als Vorrathskammern zur Aufspeicherung der Nahrung; so beim Hamster und dem Maulwurf. Sie nähern sich somit in der größern Universalität ihrer Bestimmung mehr den Ameisennestern als den Vogelnestern. Auch darin sind sie den erstern ähnlicher, daß sie, wenigstens bei manchen Arten, eine größere individuelle Mannigfaltigkeit und geringere specifische Einförmigkeit zeigen als letztere. Immerhin sind die Ameisennester in allen diesen Punkten den Bauten der Säugethiere noch bedeutend überlegen. Gerade bei den höchsten Wirbelthieren, den anthropomorphen Affen, ist kaum eine Spur von Baukunst oder von intelligenter Verwerthung derselben vorhanden; es sei denn, daß man die nestähnlichen Lagerstätten, welche der Orang-Utan auf Bäumen anlegt[1], hierher rechnen will. Die „intelligentesten" Baumeister unter den Säugethieren sind nicht unter den Affen zu suchen, deren Gehirn dem menschlichen am nächsten kommt, sondern unter den Nagethieren, bei denen die Entwicklung des Großhirns weit hinter derjenigen der Affen zurücksteht: Die **Biber** sind die einzigen höhern Thiere, deren Baufertigkeit mit derjenigen der Ameisen einen Vergleich aushalten kann.

Die Bauten der einzelnen Biberfamilien bestehen aus einem unterirdischen Kessel- und Röhrenbau, ähnlich demjenigen mancher anderer Säugethiere, und der sogen. Biberburg. Wie der oberirdische Bau entsteht, der diesen stolzen Namen führt, hat unlängst Friedrich[2] mitgetheilt. Die Biberburg ist nichts weiter als eine Anhäufung von Reisig über dem Luftloch des Kessels, der das eigentliche Centrum des Biberbaues bildet. Wo die Biber in Kolonien leben und ihre instinctive Baukunst durch die günstigen Verhältnisse völlig zur Entfaltung kommt, führen sie zum Stauen des Wassers auch die berühmten Biberdämme

---

[1] Vgl. Büttikofer, Zoologische Skizzen aus der Niederländischen Expedition nach Central-Borneo (Compt. Rend. du 3me Congrès international de Zool.) S. 224.
[2] Die Biber an der mittlern Elbe (Dessau 1894) S. 20 ff.

auf[1] und legen zum Herbeischleppen der gefällten Baumzweige manchmal auch Kanäle an. Wenngleich diese Werke das Ergebniß der Arbeit mehrerer Biberpaare sind, so arbeitet dabei doch jedes Paar nur für sich; niemals kommt es zu einer geselligen Arbeitstheilung, wie sie in den Ameisenkolonien herrscht. Beobachter, welche wie Lewis H. Morgan[2] jede Bethätigung des sinnlichen Erkenntnißvermögens mit Intelligenz verwechselten, haben selbstverständlich in der Lebensweise des amerikanischen Bibers viele Beweise für dessen hohe Intelligenz entdeckt. Unter dieser free intelligence ist aber bloß das Vermögen der Thiere gemeint, ihre Baukunst wechselnden Umständen zweckmäßig anzupassen. Ein solches Vermögen besitzen auch die Ameisen, und zwar mindestens in eben so hohem Grade. Wenn Morgan und mit ihm Romanes[3] beispielsweise darin einen unumstößlichen Beweis von Intelligenz der Biber finden, daß diese durch Verengerung oder Erweiterung des Abflußloches an den von ihnen errichteten Dämmen die Höhe des Wasserniveaus zweckmäßig reguliren, so ist das eine ganz ähnliche Erscheinung, wie wenn Ameisen die Feuchtigkeits- und Temperaturverhältnisse ihres Nestes durch entsprechende bauliche Aenderungen desselben regeln; und wenn die Biber ihre Baufertigkeit außer dem Nestbau auch zur Anlage von Dämmen und Kanälen benutzen, so verwerthen auch die Ameisen die ihrige zu noch verschiedenern Zwecken. Wer mit Romanes der Ansicht ist, daß die Anpassungen des Instinctes nur Bezug haben können auf sich gleich bleibende Verhältnisse (conditions, that are unchanged)[4], und daß jede Berücksichtigung wechselnder äußerer Verhältnisse auf Intelligenz beruhen müsse, der muß allerdings den Bibern einen hohen Grad individueller Intelligenz zuschreiben und den Ameisen einen mindestens ebenso hohen. Aber diese Auffassung des Instinctes und der Intelligenz ist verfehlt. Selbst Romanes findet es bedenklich, den Bibern so hohe psychische Fähigkeiten zuzuschreiben, und doch ist diese Folgerung aus jenem falschen Intelligenzbegriffe unvermeidlich. Wenn die zweckmäßigen Abänderungen der Baukunst der Biber auf ihrer eigenen Ueberlegung beruhen, dann muß man ihnen auch eine **intelligente Kenntniß der Principien** ihrer Baukunst zuerkennen;

---

[1] Dieselben kommen nach Friedrich auch an der mittlern Elbe stellenweise vor, wenn auch nur in kleinerem Maßstabe, beruhen also auf einem den europäischen und amerikanischen Bibern gemeinsamen Instincte.

[2] The American beaver and his work (Lippincott & Co., 1868).

[3] Animal Intelligence (5. Ed.) p. 377.

[4] L. c. p. 377.

denn erstere ist undenkbar ohne die letztere; dadurch wird aber an die Stelle des Bauinstinctes eine menschliche Bauintelligenz der vollkommensten Art gesetzt. Das ist offenbar **unannehmbar**. Wer jedoch den Bauinstinct der Biber aus der zweckmäßigen erblichen Anlage ihres sinnlichen Erkenntniß- und Begehrungsvermögens erklärt, der vermag aus demselben Princip auch die jeweiligen Modificationen jener Baukunst zu erklären, ohne zu einer „Thierintelligenz" seine Zuflucht nehmen zu müssen.

5. Verwendung der Baukunst zu andern Bedürfnissen des Ameisenlebens.

Manche Ameisen, deren Kolonien volkreich sind, errichten außer den **eigentlichen Nestern** auch oft noch vorübergehende Stationen am Fuße der Bäume und Sträucher, auf denen sie ihre Blatt- und Schildläuse besuchen und durch Streicheln mit den Fühlern „melken". Einige wenige unserer einheimischen Arten, nämlich Formica rufa, pratensis und Lasius fuliginosus, legen auch förmliche Straßen an, die, von Pflanzenwuchs gereinigt, manchmal 20—50 m weit von den Nestern aus in den Wald oder das Gebüsch führen und von dort aus zu den Weideplätzen des obengenannten Melkviehes der Ameisen sich verzweigen[1]. Manche Ameisen, besonders Lasius niger und Cremastogaster scutellaris, bauen oberirdische bedeckte Gänge aus Erde, welche ihre Nester mit den Bäumen und Sträuchern verbinden, auf denen ihre Blatt- oder Schildläuse sich aufhalten. Auch schließen sie die letztern gelegentlich durch Erdgehäuse ein, um sie beisammen zu halten und gegen den Besuch fremder Ameisen, die ihnen das Melkvieh streitig machen könnten, zu schützen. Ein solcher „Blattlaus-Pavillon", ein Erdgehäuse von der Größe einer kleinen Haselnuß, befindet sich in meiner Sammlung; er wurde von Myrmica scabrinodis an der Spitze eines Eichenzweiges angelegt (Eraeten). Andere Ameisen, wie die afrikanischen Dorylus-Arten, graben unterirdische Jagdgänge, auf denen sie ihrer Beute, die meist aus andern Insecten und Würmern besteht, nachgehen. Die körnersammelnden Ameisen Südeuropas, Nordafrikas, Amerikas und Indiens legen in ihren Nestern Kornkammern an, in denen sie ihre Winter- oder Sommervorräthe aufspeichern. Bei den pilzfressenden Atta des tropischen Amerika dienen eigene unterirdische

---

[1] Unter den fremdländischen Ameisen sind es besonders die größern Arten der amerikanischen Blattschneiderameisen (Atta), die nach Belt, Brent und Forel ähnliche Straßen anlegen, jedoch oft von noch bedeutenderer Länge und Breite.

Gemächer als Gemüsegärten oder Treibhäuser, in denen sie die ihnen zur Nahrung dienenden Pilzarten züchten[1]. Auch zum Schutze gegen äußere Feinde benutzen die Ameisen vielfach ihre Baukunst. Sie errichten Erdwälle und Barricaden gegen eindringende fremde Ameisen und schließen ungebetene Besucher, deren sie sich nicht auf andere Weise entledigen können, durch Erdwände ein, um sich dieselben vom Leibe zu halten. Auf diese Weise wurde in einem meiner Beobachtungsnester von Formica sanguinea ein Molch (Triton alpestris), den ich ihnen hineingesetzt hatte, in kurzer Zeit völlig eingemauert. Am eifrigsten betheiligten sich hierbei ihre schwarzgrauen Sklaven (Formica fusca), welche Meister in der Erdbaukunst sind. Ein noch viel drolligerer Vorfall spielte sich einmal in einem Neste von Lasius flavus ab, denen ich eine Lomechusa strumosa als Gast hineingesetzt hatte. Die kleinen gelben Ameisen fanden an dem großen, ungeschlachten Gesellen keinen Gefallen, sondern suchten sich seiner Zudringlichkeit durch eine höchst drollige Taktik zu erwehren: sie schleppten von allen Seiten Erdklümpchen herbei und legten sie auf den Rücken des unglücklichen Käfers, bis nur noch seine Fühlerspitzen aus der Erde hervorragten[2].

Man hat auch von Friedhöfen und Begräbnißstätten berichtet, welche die Ameisen anlegen sollen. Von oberflächlichen Beobachtern ist über diesen Gegenstand viel gefabelt worden. In dem Ameisenbüchlein eines Reverend White[3] findet sich ein rührender Bericht von einer Mistreß Lewis-Hutton aus Sidney, der zu charakteristisch für diese Art von Naturgeschichte ist, als daß wir ihn hier übergehen dürften. Eines ihrer Kinder hatte sich auf ein Ameisennest gesetzt und war von den wüthenden Insassen angefallen worden. Auf das Geschrei ihres Sprößlings eilte die Mama herbei und tödtete einige zwanzig Ameisen. Kurz darauf sah sie, wie die Leichen von einer Anzahl Gefährtinnen umringt wurden; dann gingen die Begräbnißfeierlichkeiten los. Eine Ameisendeputation wurde zum Neste entsandt und holte den Zug der leidtragenden Gefährtinnen von dort ab; derselbe marschirte in zwei Reihen ordnungsgemäß zur Unglücksstätte. Dort wurden die Leichen aufgenommen, in langsamer Procession zu einem

---

[1] Vgl. Möller, Die Pilzgärten einiger südamerikanischer Ameisen (Jena 1893) und Forel, Zur Fauna und Lebensweise der Ameisen im columbischen Urwald S. 406.

[2] Die internationalen Beziehungen von Lomechusa strumosa in: Biolog. Centralbl. 1892, S. 653.

[3] Ants and their ways. London 1883.

sandigen Platze in der Nähe getragen und daselbst einzeln beerdigt. Einige der Todtengräberinnen wollten sich dieser traurigen Pflicht durch die Flucht entziehen; sie wurden jedoch von den andern Ameisen verfolgt, eingeholt und durch ein summarisches Gerichtsverfahren zum Tode verurtheilt; das Urtheil wurde sofort vollstreckt und die Uebelthäter in eine gemeinschaftliche Grube verscharrt. Die betreffende Dame will ähnliche Vorgänge sogar öfters beobachtet haben. Gerstäcker, welcher in seinem „Bericht über die wissenschaftlichen Leistungen auf dem Gebiete der Entomologie während des Jahres 1861" (S. 156) jene Begräbnißgeschichte aus Australien erwähnte, bemerkte dazu mit gerechter Ironie: „Um die Mystification vollständig zu machen, fehlt nur noch, daß eine der Ameisen eine Grabrede gehalten hätte." Sonderbarerweise sucht Perty[1] die phantasiereiche Mistreß gegen Gerstäcker in Schutz zu nehmen, indem er meint: „Es kann jedoch immerhin an der Sache etwas sein; behauptet doch auch Dupont, die Ameisen hätten Gemeindebegräbnisse in einiger Entfernung von ihren Wohnungen, in welche die Todten getragen würden." Ein viel richtigeres Urtheil über jene Ameisen-Leichenfeier hat Ernest André[2] gefällt, indem er sie eine phantastische Entstellung der allergewöhnlichsten Vorgänge nennt. Man sollte es kaum für möglich halten, daß eine solche Anekdote in einer hochwissenschaftlichen Zeitschrift, in den Transactions der Linnean Society of London, das Tageslicht erblicken konnte. Etwas ist allerdings an jener Geschichte wahr; aber dieses Etwas beschränkt sich darauf, daß die Ameisen ihre Todten aus dem Neste herausschaffen, sie dort gleich andern Abfällen auf einem bestimmten Platze zusammentragen und manchmal auch mit Erde bedecken. Für diese vorgeblichen Begräbnißstätten wäre der Name „Schindanger" ohne Zweifel viel correcter; denn sie sind nichts als eine Abfallstätte für Gegenstände, deren Anwesenheit im Neste den reinlichkeitsliebenden Ameisen unangenehm ist[3]. Mit einer „Pietät für die Verstorbenen"[4] haben diese Vorgänge absolut nichts zu thun, wie man

---

[1] Seelenleben der Thiere (2. Aufl.) S. 328.
[2] Les fourmis (Paris 1885) p. 176.
[3] Vgl. auch Forel, Ameise und Mensch oder Automatismus und Vernunft.
[4] W. Marshall meint in seinem „Leben und Treiben der Ameisen" (S. 26), „die amerikanischen Formen scheinen (bezüglich der Behandlung ihrer Todten) pietätsvoller als die altweltlichen zu sein". Warum Herrn Marshall das so scheint, ist uns unbekannt. Aus den daselbst erwähnten Beobachtungen von Mc Cook folgt nichts Derartiges. Vgl. „Die Honigameise des Göttergartens" (Stimmen aus Maria-Laach 1884, Bd. XXVII, S. 282), wo wir jene „Pietät" der amerikanischen Honigameisen näher beleuchtet haben.

besonders in künstlichen Beobachtungsnestern sehen kann. Der vom Nestinnern am weitesten entfernte und meist zugleich der trockenste Platz wird hier von den Ameisen als Abfallstätte benutzt. An meinem großen Beobachtungsneste von Formica sanguinea (siehe die Abbildung S. 15) bildet dieselbe den mit „Abfallnest" bezeichneten Raum, in welchem regelmäßig die Leichen der Ameisen zugleich mit den Resten todter Fliegen, Flügeln von zerrissenen Libellen, leeren Cocons von Ameisen und andern Abfällen aufgespeichert werden —, weil die Ameisen diese unangenehmen Objecte los sein wollen. Es ist wahrlich nicht nöthig, das Ameisenleben durch fabelhafte Anekdoten wie jene australische Begräbnißgeschichte auszuschmücken. Die Thatsachen der Wirklichkeit bieten bereits genug des Interessanten und Staunenswerthen.

6. Ist die Bauthätigkeit der Ameisen von Intelligenz geleitet?

Die Baukunst der Ameisen erweist sich als eine so universelle Fähigkeit, ihre mannigfaltige Bethätigung und Anwendung zeigt sich in vielen Fällen als so intelligenzähnlich, daß wir schließlich fragen müssen: **Was fehlt ihr noch, um eine wirklich intelligente Fähigkeit zu sein?** Darüber werden uns die folgenden Beobachtungen einigen Aufschluß geben.

Es ist von Freunden der Thierintelligenz wiederholt behauptet worden, daß die Ameisen in intelligenter Absicht Brücken bauten, wenn man ihnen Hindernisse in den Weg legte. Eine der bekanntesten Geschichten, die hierfür angeführt werden, ist folgende[1]. Professor Leuckart in Gießen hatte die Ameisen vom Besuche eines Baumes dadurch abhalten wollen, daß er den Stamm mit einer breiten Binde von Tabaksjauche bestrich. Die von oben herabkommenden Ameisen kehrten bei dem Hindernisse um und ließen sich schließlich von den Zweigen zur Erde fallen. Diejenigen dagegen, welche zum Besuche der Blattläuse von unten heraufwollten, holten, nachdem sie vergeblich versucht hatten, das übelriechende Band zu überschreiten, endlich in ihren Kiefern Erdklümpchen herbei und klebten diese auf die Tabaksjauche, bis sie einen gangbaren Weg hergestellt hatten. William Marshall, der diese Beobachtung Leuckarts in seinem „Leben und Treiben der Ameisen" (S. 40) ebenfalls anführt, knüpft daran die folgende schwerwiegende Reflexion: „Alle Philosophen alter

---

[1] Vgl. Büchner, Geistesleben der Thiere S. 116.

und neuer Zeit und sämtliche Theologen dazu sollen mir nicht weismachen, daß wir hier die instinctive Handlung einer **unvernünftigen** Creatur vor uns hätten. Wenn das Instinct ist, dann ist die Erfindung der Dampfmaschine auch Instinct! Nein, beides ist die durch Ueberlegung gewonnene, kluge Ausnutzung gegebener Umstände."

Auf manchen arglosen Leser mag dieser Dampfmaschinenerguß des Herrn Marshall vielleicht großen Eindruck gemacht haben. Wer sich jedoch durch die Kühnheit jener rhetorischen Behauptung nicht verblüffen läßt, wird zu einem andern Ergebnisse gelangen, auch ohne gerade Philosoph oder Theologe zu sein. Es ist eine alltägliche Beobachtung, daß die Ameisen in ihren Nestern übelriechende oder klebrige Gegenstände, wenn sie dieselben nicht hinausschaffen können, einfach mit Erde bedecken. Daß sie dabei „die intelligente Absicht haben, eine Brücke zu bauen", wird wohl niemand im Ernste behaupten wollen. Dasselbe Verfahren wenden sie gelegentlich auch außerhalb ihres Nestes an, von demselben Instincte geleitet. Im obigen Falle fanden nun die Ameisen den Weg, welcher sie zu ihren Blattläusen auf den Baum führte, mit einem übelriechenden, klebrigen Stoffe bestrichen. Was war da natürlicher, als daß sie schließlich Erdklümpchen herbeiholten und durch dieses ihrem Instincte völlig geläufige Mittel den gewohnten Weg wieder gangbar machten? Wir dürfen deshalb wohl mit Recht schließen: **Daß die Ameisen bei diesem angeblichen „Brückenbau" einen unwiderleglichen Beweis von Ueberlegung, Erfindungsgabe und Intelligenz gegeben haben, das könnte nur eine kritiklose, vulgäre Psychologie behaupten.**

Ein anderes Exempel, das übrigens bloß von einem Herrn Theuerkauf in Büchners „Geistesleben der Thiere" (S. 117) verbürgt wird, ist für die Intelligenz der Ameisen noch weniger beweiskräftig als das ebenerwähnte. Diesmal benutzten die Ameisen, um einen Theerring zu überbrücken, den man um einen Baum gelegt hatte, ein anderes Mittel. Die von oben herabkommenden Ameisen blieben, als sie an das Hinderniß kamen, zum Theil an demselben kleben; andere kehrten zurück und holten — Blattläuse von den Zweigen, welche sie auf den Theerring klebten, und schufen sich dadurch eine „Brücke". Zu dieser Historie bemerkt schon Lubbock[1], daß er über die richtige Auslegung der Thatsache Zweifel hege. „Ist es nicht recht gut möglich, daß die Ameisen, während sie den Baum hinabkrochen, die Blattläuse trugen,

---

[1] Ameisen, Bienen und Wespen S. 201.

und daß diese natürlich im Theer stecken blieben und dort gelassen wurden? Auf dieselbe Weise habe ich Hunderte von Erdklümpchen auf den Honig tragen sehen, mit dem ich meine Ameisen fütterte." In der That könnte nur ein leichtfertiger Beobachter behaupten, die Ameisen hätten in jenem Falle die Blattläuse absichtlich als Material zum Brückenbau verwendet. Die richtige Erklärung dürfte darin zu suchen sein, daß die Ameisen auf jenem Baume beunruhigt wurden und deshalb ihre theuern Blattläuse zu retten suchten, indem sie dieselben vom Baume heruntertrugen. Dabei brachten sie dieselben aber erst recht „ins Pech" im buchstäblichen Sinne des Wortes. Daß durch das Klebenbleiben der Blattläuse eine Brücke für die Ameisen selber entstand, war ohne Zweifel rein zufällig.

Diese beiden berühmten Geschichten sind somit nichts weniger als beweiskräftig für die Intelligenz der Ameisen. Wir müssen uns nach andern Beispielen umsehen, wenn wir entscheiden wollen, ob die Ameisen durch „kluge Ueberlegung" neue Mittel zur Erreichung ihrer Zwecke zu erfinden im stande seien oder nicht.

Sir John Lubbock[1] hat eine Reihe von Versuchen mit Ameisen gemacht, um ihre Intelligenz auf die Probe zu stellen; wir können hier nur einige der wichtigsten erwähnen. Er bot den Ameisen eines Nestes von Lasius niger eine Brücke, aus einem Strohhalm oder einem Papierstreifen bestehend, ließ sie auf derselben zu ihren Larven gelangen und verschob dann die Brücke ein wenig, nachdem die Ameisen den Weg bereits kennen gelernt hatten. Es fiel jedoch den Ameisen niemals ein, die nur um wenige Millimeter seitwärts gerückte Brücke wiederum in die frühere Lage zu bringen, was sie doch leicht vermocht hätten. Er hing ferner über einem Neste von Lasius flavus ein Honigschälchen auf, zu welchem die Ameisen nur durch eine mehr als zehn Fuß lange Papierbrücke gelangen konnten. Dann schüttete er Erde unterhalb des Schälchens auf, so daß der unmittelbare Zugang zum Honig freistand. Als genug Ameisen diesen letztern Weg kennen gelernt hatten, entfernte Lubbock etwas Erde, so daß das Schälchen frei hing und von den Ameisen nicht mehr erreicht werden konnte. Es fiel ihnen nicht ein, durch Aufhäufung der Erde diese bequeme Brücke wiederherzustellen, obwohl die entstandene Kluft nur einige Millimeter betrug. Offenbar fehlte ihnen jegliches Verständniß für die Anwendung dieses so einfachen Mittels. Ebenso war auch bei den übrigen Versuchen Lubbocks das Ergebniß ein durchaus negatives; von der

---

[1] Ameisen, Bienen und Wespen. 9. Kap.

berühmten Intelligenz der Ameisen wollte sich keine Spur zeigen. William Marshall hat merkwürdigerweise in seinem „Leben und Treiben der Ameisen" diese Experimente Lubbock's nicht erwähnt, obwohl ihm dieselben nicht unbekannt geblieben sein konnten; vielleicht paßte das Ergebniß derselben nicht zu seinen begeisterten Lobsprüchen auf die Ueberlegungsfähigkeit und Erfindungsgabe dieser Thiere.

Es seien hier noch einige eigene Beobachtungen und Versuche beigefügt. Da man gegen Lubbock's Resultate vielleicht einwenden könnte, er habe mit „wenig intelligenten" Ameisenarten (Lasius und Myrmica) experimentirt, wählten wir die intelligentesten Ameisen, Formica sanguinea[1] und die mit ihr alliirten Hilfsameisen, zum Gegenstand der Untersuchungen, aus denen hier nur ein Auszug gegeben werden kann.

In dem Borneste unseres mehrerwähnten Beobachtungsnestes (S. 15) bildete ein Holzstab eine bequeme Brücke für die Ameisen, um an den obern Rand des Glases und von dort in das Obernest gelangen zu können. Durch die Erdarbeiten der Ameisen im Borneste war nun der Fuß der Brücke allmählich etwas tiefer gesunken, so daß das obere Ende derselben schließlich 2 cm weit von dem Korkstöpsel des Glases abstand. Die dazwischen liegende freie Stelle der Glaswand beschlug sich bei Sonnenschein mit Feuchtigkeit, wodurch es den Ameisen sehr schwer wurde, dieselbe zu passiren und in das Obernest zu gelangen. Obwohl dieser Zustand wochenlang andauerte und den Ameisen fortwährende Schwierigkeiten bereitete, fiel es ihnen trotzdem nicht ein, das breite obere Ende des Holzstabes durch eine Brücke aus Erde mit dem Dach des Bornestes zu verbinden. Sie verbanden zwar den Stab seitlich durch einen Erdwall mit der Glaswand, sie beklebten auch allmählich ringsum die ganze feuchte Glaswand zum Schutz gegen das eindringende Licht mit kleinen Erdklümpchen; an der kritischen Stelle jedoch, wo es am nächsten gelegen hätte und am nöthigsten gewesen wäre, entstand keine Verbindungsbrücke. Die dort zufällig hingeklebten Erdkrümchen wurden vielmehr von den stetig hinaufkrabbelnden Ameisen bald wieder hinabgeworfen. So blieb denn gerade jene Stelle des Glases, wo man von einer Ueberlegungsfähigkeit der Thiere die Anlage einer Erdbrücke hätte erwarten sollen, im Gegentheile glatt und schlüpfrig, und sie ist es noch heute, nach einem halben Jahre.

Im Jahre 1884 machte ich wiederholt folgenden Versuch. Ein kleines Schälchen mit Honig oder mit Ameisenpuppen wurde über einem Neste

[1] Auch Forel (Fourmis de la Suisse p. 443) erkennt Formica sanguinea die Palme der Intelligenz zu.

von Formica sanguinea, das sich in einer großen Krystallisationsschale befand, so aufgehängt, daß die Ameisen mit ihren Fühlerspitzen das Schälchen berühren, aber nur auf schwierigen Umwegen zu demselben gelangen konnten, falls sie nicht auf den Gedanken kamen, ein wenig Erde oder anderes Material unterhalb des Schälchens aufzuhäufen und dadurch eine „Brücke" zu dem ersehnten Ziele zu bauen. Aber weder Formica sanguinea selbst noch die in jenem Neste vorhandenen Hilfsameisen (F. rufa und fusca) verfielen je auf dieses so naheliegende Mittel; und doch hätte es genügt, die Nestoberfläche an der betreffenden Stelle nur um einen Centimeter zu erhöhen!

Merkwürdiger ging ein anderer Versuch aus, den ich ebenfalls 1884 (am 16. Juni) mit jenem Neste der blutrothen Raubameise machte. Ich nahm ein weites Uhrglas, füllte es mit Wasser und setzte in die Mitte auf eine kleine Insel ein Schälchen mit Ameisencocons, die ich aus derselben Kolonie vorher weggenommen hatte. Dann wurde das Uhrglas auf die Oberfläche des Nestes gebracht. Die sanguinea bemerkten bald die Cocons und reckten ihre Fühler nach der Insel aus; da sie aber bei jedem Versuche, sich derselben zu nähern, ins Wasser geriethen, zogen sie sich immer wiederum zurück. Schon glaubte ich, die Ameisen würden das Hinderniß nicht überwinden, als plötzlich eine sanguinea damit begann, Erdklümpchen, Holzstückchen, Ameisenleichen und ähnliche feste Gegenstände herbeizutragen und ins Wasser zu werfen. Andere folgten ihrem Beispiele, und **bald hatten sie einen Weg über das Wasser hergestellt.** Nach Verlauf einer Stunde, vom Beginn des Experimentes an gerechnet, hatten sie mittels dieser „schwimmenden Brücke" sämtliche Cocons von der Insel abgeholt. Ist diese Beobachtung nicht ein ganz verblüffender Beweis dafür, daß wenigstens Formica sanguinea doch eine beträchtliche Dosis von Ueberlegungsfähigkeit, von zweckbewußter Intelligenz besitzt?

Um diese Frage zu beantworten, wurde folgender Controlversuch angestellt. Nach einiger Zeit stellte ich dasselbe Uhrglas mit Wasser den Ameisen auf die Nestoberfläche, diesmal jedoch ohne Insel und ohne Cocons. Hatten die Ameisen bei jenem ersten Versuche wirklich einen Brückenbau beabsichtigt, um zu den Cocons zu gelangen, so lag jetzt kein Grund für sie vor, dasselbe Verfahren zu wiederholen. Trotzdem begannen sie auch diesmal bald mit dem Trockenlegen des Sees, nachdem sie sich einigemal zufällig nasse Füße geholt hatten. Obwohl hier keine Cocons zu erobern waren, wurde das Wasser im Uhrglas dennoch in fast derselben

Zeit wie damals mit Erde und andern festen Gegenständen bedeckt. Wir dürfen hieraus schließen, daß die Ameisen auch das erste Mal nicht die Absicht verfolgten, eine schwimmende Brücke zu bauen, sondern bloß die unangenehme Feuchtigkeit zu beseitigen, die ihnen den Weg versperrte. Wenn wir somit behaupten wollten, die Ameisen hätten durch intelligente Ueberlegung jenes Mittel ausfindig gemacht zu dem Zwecke, um sich in den Besitz der Puppen zu setzen, so würden wir uns einer kritiklosen Vermenschlichung des Thieres schuldig machen.

Es ließen sich aus unsern seit 13 Jahren angestellten und notirten Beobachtungen noch manche interessante Scenen hier anführen, welche ähnlich wie das ebenerwähnte Beispiel auf einen oberflächlichen Blick den Eindruck einer wirklich intelligenten Handlung machen könnten. Bei genauer Prüfung würde sich jedoch auch hier herausstellen, daß die betreffenden Thatsachen durch die instinctiven Vorstellungsverbindungen des sinnlichen Erkenntnißlebens weit einfacher, natürlicher und zwangloser sich erklären lassen; wir brauchen daher keine „Ameiseninteligenz", ebenso wie wir überhaupt keine „Thierintelligenz" brauchen.

Die höhern Thiere, die dem Menschen in der Gehirnbildung zunächst stehen, sind nämlich weit davon entfernt, höhere Beweise von „Intelligenz" zu geben als die Ameisen. Auch ihr ganzer Erkenntnißproceß beschränkt sich darauf, die Sinneswahrnehmungen und Sinneserfahrungen nach den angebornen Gesetzen der instinctiven Vorstellungsassociation zu verbinden und dadurch für ihre gewöhnlichen Lebensbedürfnisse zweckmäßig zu handeln. Weiter bringt es auch die Psyche der Hunde und Affen nicht. Ein Hund kommt, falls er nicht vom Menschen eigens dazu abgerichtet worden ist, nie und nimmer auf den Einfall, zum Oeffnen einer Thüre, deren Klinke er nicht erreichen kann, etwa einen Schemel herbeizuholen und dadurch seinen Standpunkt zu erhöhen; er mag es bei den Kindern, mit denen er spielt, noch so oft gesehen haben, die Beziehung von Mittel und Zweck, die hier doch so einfach zu Tage tritt, bleibt seiner Hundeseele trotzdem verschlossen. Der Hund ist somit um kein Haarbreit intelligenter als die Ameisen, die nicht auf die Idee verfielen, etwas Erde aufzuhäufen, um ein zu hoch hängendes Honigschälchen zu erreichen.

Ebenso wie den Ameisen fehlt auch den Affen das Vermögen, durch eigene Ueberlegung neue Mittel zur Erreichung ihrer Zwecke zu erdenken; auch diese höchsten Säugethiere sind ausschließlich auf ihre instinctiven Vorstellungsassociationen angewiesen. Wir haben dies schon oben (S. 27) gezeigt, wo wir bei den Kriegen im Thierreich darauf hinwiesen, daß die Affen unfähig sind, auch die einfachsten Waffen und Geräthschaften zu erfinden. Aehnlich verhält es sich mit dem Gebrauche des Feuers. Trifft eine Affenhorde die Reste eines von Menschen angezündeten Feuers im Walde, so setzt sie sich wohl um dasselbe herum und genießt seine angenehme Wärme. Aber noch keinem Affen ist es in den Sinn gekommen, Holz auf das erlöschende Feuer zu legen, um es zu unterhalten. Und doch wäre das eine so einfache und so naheliegende Vorstellungsverbindung, die nur einen niedrigen Grad von Intelligenz erfordern würde. Warum verfallen die Affen trotz der „hohen Plasticität" ihres menschenähnlichen Gehirns nicht auf ein so einfaches Mittel? Weil ihnen die geistige Seele und deshalb auch die Intelligenz fehlt. Die „plastischen Neurozymthätigkeiten" des Affenhirns sind wesentlich verschieden von der menschlichen Intelligenz; sie erweisen sich als bloße sinnliche Instinctthätigkeiten gleich denjenigen der Ameisen und anderer niedern Thiere. Es ist daher verfehlt, wenn man, um die Intelligenz der höhern Thiere zu retten, die Ameisen zu Instinctautomaten machen will. Ein „Automatismus" ist das Seelenleben aller Thiere, insofern es zu keiner vernünftigen Ueberlegung und freien Selbstbestimmung sich erheben kann; im übrigen aber kann man es weder bei den niedern noch bei den höhern Thieren als „Automatismus" bezeichnen, weil es ein sinnliches Erkenntnißleben und keine bloße Reflexthätigkeit ist. Allerdings haben die Instincthandlungen insofern einen automatischen Charakter, als sie durch die Naturanlage des Thieres bereits von vornherein bis zu einem gewissen Grade determinirt sind; insofern sie jedoch durch das sinnliche Erkenntniß- und Strebevermögen des Thieres geleitet werden und daher innerhalb jenes vorherbestimmten Umkreises eine größere oder geringere Mannigfaltigkeit der individuellen Bethätigung zulassen, haben sie keinen automatischen, sondern einen willkürlichen Charakter.

Fassen wir das Ergebniß unserer vergleichenden Untersuchung über die Baukunst im Thierreich nochmals zusammen. Es lautet: **Die Ameisen überragen an intelligenzähnlicher Mannigfaltigkeit, an willkürlicher Selbstbestimmung und zweckmäßiger Anpassungsfähigkeit ihrer Baukunst alle übrigen niedern und höhern Thiere. Intelligenz im eigentlichen Sinne besitzen aber auch sie nicht, ebensowenig wie irgend ein anderes Thier.**

Viertes Kapitel.
Die Brutpflege im Thierreich.

1. Ueberblick über die Brutpflegeinstincte der Thiere.

Wie bei den Menschen das Staatsleben naturgemäß aus dem Familienleben sich entfaltet und die Familie stets die Grundlage des Staates bleibt, so verhält es sich, jedoch nur in analoger Weise, auch bei den thierischen Gesellschaften. Wo wir ständige Thiergenossenschaften finden, da beruhen sie — mit wenigen Ausnahmen, zu denen beispielsweise die gemischten Kolonien der Ameisen gehören — auf den Banden der gemeinsamen Abstammung. Der Zweck des geselligen Zusammenlebens ist die Erhaltung des Stammes, die Arterhaltung. Diesem höhern Zwecke sind alle übrigen Instincte des Thieres durch ein Naturgesetz untergeordnet; aus diesem Zwecke werden auch die socialen Instincte der Thiere erst verständlich.

Eines der wichtigsten Mittel der Arterhaltung sind die Brutpflege und die in ihrem Dienste stehenden mannigfaltigen Instincte. Die verschiedenen Formen der Brutpflege im Thierreich bilden eines der interessantesten Kapitel der vergleichenden Thierpsychologie, aus dem wir jedoch hier nur einige wenige Züge anführen können.

Bei jenen niedern Thieren, welche auf ungeschlechtlichem Wege durch Theilung oder Knospung sich vermehren, ist eine Brutpflege selbstverständlich ebensowenig vorhanden wie im Pflanzenreich. Das junge Wesen tritt hier, mag es nun von dem Mutterorganismus sich trennen oder mit ihm als Zweig eines Thierstockes verbunden bleiben, vermöge rein vegetativer Naturgesetze bereits völlig existenzfähig in das Leben ein. Auf die Arterhaltung hinzielende Brutpflegeinstincte wären somit gegenstandslos. Auch unter jenen Thieren, welche auf geschlechtlichem Wege sich vermehren, treffen wir bloß dort Brutpflegeinstincte an, wo die Erhaltung der Art es erfordert, und die Sorge der Eltern um ihre Jungen erstreckt sich stets nur so weit, als jener Zweck es erheischt. Innerhalb dieser Sphäre herrscht aber eine wunderbare Zweckmäßigkeit, ein oft staunenswerther Scharfsinn des thierischen Instinctes, der hier seine höchsten Triumphe feiert.

Kaum irgendwo in der ganzen Thierpsychologie zeigt sich so klar die Ohnmacht der sogen. Thierintelligenz, die Haltlosigkeit der modernen Vermenschlichung des Thierlebens. Woher soll die Eintagsfliege durch ihre

„eigene Intelligenz" wissen, daß sie ihre Eier sorglos in das Wasser fallen laffen darf? Erinnert sie sich vielleicht noch, daß ihre „Mutter" sie einstmals selbst als Ei ins Wasser fallen ließ? Oder hat sie vielleicht durch Studium der Zoologie sich die Kenntniß erworben, daß Eintagsfliegen keiner Brutpflege bedürfen? Nach der Brehmschen Psychologie müßten wir der Eintagsfliege eine Strafpredigt halten, daß sie so rabenmütterlich gesinnt sei und um das Wohl ihrer theuern Sprößlinge sich gar nicht kümmere. Von wissenschaftlichem Standpunkte aus betrachtet ist jedoch eine solche Strafpredigt ebenso unsinnig, als wenn man einen Eichbaum ermahnen wollte, er solle doch Kürbisse und keine Eicheln tragen, oder einen Vogel, er solle doch lebendige Junge werfen, statt Eier zu legen. Wenn die Eintagsfliege über dem Tümpel tanzend ihre Eierklumpen in die Pfütze fallen läßt, und wenn die Perlfliege ihre Eier sorgfältig auf ein schwankes Stielchen klebt, das aus einem zähen, an der Luft erhärtenden Safte besteht; und wenn die Schlupfwespe ihr Ei mittels des Legestachels in den Körper einer Raupe versenkt, und wenn die Gallwespe das ihrige in die Rippe eines Eichenblattes schiebt, aus welcher später die Galle als Wohn= und Speisekammer der jungen Larve hervorwachsen wird; und wenn die Schmeißfliege ihr Ei an faules Fleisch legt, während die Wegwespe (Pompilus viaticus) das ihrige an den Leib einer Spinne klebt, welche sie vorher durch kunstgerechte Stiletstiche gelähmt aber nicht getödtet hat, so daß die junge Larve von lebendigem Fleische sich nähren kann; und wenn der Kohlweißling seine Eier an die Kohlpflanzen legt, der Wolfsmilchschwärmer aber an die giftige Wolfsmilch; und wenn der große Kolbenwasserkäfer (Hydrophilus piceus) für seine Eier einen kunstreichen Kahn webt, der mit einem kleinen Wimpel versehen auf der Wasserfläche treibt, während ein kleiner Verwandter (Spercheus emarginatus) seine Eier gleich manchen Spinnen in einem am Bauche befestigten Sacke mit sich herumträgt; und wenn der Trichterwickler (Rhynchites betulae) nach einem tiefsinnigen mathematisch=technischen Problem ein Birkenblatt zuschneidet und es zu einem kunstvollen Trichter aufrollt, in den er seine Eier legt, während der Eichenzweigsäger (Rhynchites pubescens) in holzigen Eichenzweigen eine Wiege für sein Ei aussägt; und wenn der Ohrwurm seine Eier gleich einer Henne bebrütet, während Lomechusa strumosa ihre Brut nach echter Kuckucksart den Ameisen zur Pflege anvertraut: — so handeln sie alle gleich pflichtgemäß und gleich klug, aber alle ohne Erkenntniß der Klugheit ihres Handelns und ohne Bewußtsein einer Pflichterfüllung: sie folgen unter Leitung ihrer sinnlichen Empfinbung und sinnlichen Wahrnehmung dem geheimnißvollen instinctiven Drange, der aus ihrer organischen Entwicklung mit Nothwendigkeit hervorgeht und ihnen die für die Arterhaltung zweckmäßigen Mittel unmittelbar eingibt, ohne daß sie deren Zweckmäßigkeit erkennen und über deren Anwendung nachzugrübeln brauchen[1].

Wo die Brutpflege im Thierreich ein „Familienleben", d. h. ein gesetzmäßiges Zusammenbleiben der Eltern untereinander und mit ihren Jungen erfordert, da finden wir dasselbe auch als Hilfsmittel für die Arterhaltung, aber stets nur so weit, als es für diesen Zweck erforderlich ist. Dieselben organisch=instinctiven Gesetze, welche die Brutpflege überhaupt regeln, bestimmen auch das Vorhandensein und die Festigkeit der Familienbande, sowie die geringere oder größere Ausdehnung des Familienkreises bei den verschiedenen Thierarten. Für Vernunft und Freiheit des Einzelwesens ist gar kein Platz übrig gelassen; ihre Annahme ist nicht bloß völlig überflüssig, sondern steht auch im Widerspruche mit unzähligen Thatsachen. Wie die Vögel nur zur Paarungszeit sich zu Paaren zum Zwecke der Arterhaltung gesellen, so unterstützen sich die beiden Gatten beim Nestbau und bei der Brutpflege nur so weit, als es die Erhaltung der betreffenden Art erfordert, und die Paare bleiben nur so lange untereinander und mit ihren Jungen zusammen, als dieser Zweck es nöthig macht. Altum hat in seinem vortrefflichen Buche „Der Vogel und sein Leben" viele schlagende Beispiele dafür erbracht, wie lächerlich und unhaltbar es ist, die menschlichen Begriffe von Gattenliebe und Mutterliebe auf die Vogelwelt zu übertragen. In der That kann von „ehelicher Liebe" im menschlichen Sinne bei einem zärtlichen Papageienpärchen ebensowenig die Rede sein als bei den Spinnen, wo das kleinere Männchen sich in acht nehmen muß, nicht von dem größern Weibchen unmittelbar vor oder nach der Paarung aufgefressen zu werden. Und die weibliche Spinne, die ihren „Gatten" verzehrt, handelt hierbei ebensowenig unmoralisch, als sie moralisch handelt, wenn sie ihren Eiersack sorgfältig beschützt und mit sich umherträgt oder wenn sie für ihre Jungen ein schützendes Gewebe spinnt. Und das Kuckucksweibchen, das seine Eier in fremde Nester einschmuggelt, handelt ebensowenig unmoralisch, als die Pflegevögel des jungen Kuckucks moralisch handeln, wenn sie diesen Wechsel-

---

[1] In unserem Buche „Der Trichterwickler, eine naturwissenschaftliche Studie über den Thierinstinct" Kap. 4 ff. haben wir für die einzellebenden Insecten diesen Beweis so eingehend geführt, daß wir darauf hier nicht weiter zurückzukommen nöthig haben.

balg füttern und erziehen. Für Vernunft und Moralität ist in den Brutpflegeinstincten der Thiere gar kein Platz gelassen; denn dieselben werden ausschließlich von den Gesetzen des organisch-sinnlichen Lebens bestimmt und geregelt.

Ganz dasselbe gilt aber auch für die Säugethiere, selbst die höchsten Affen mit eingerechnet. Solange die jungen Hunde und Katzen und Affen der Pflege durch die Alten bedürfen, so lange erhalten sie dieselbe. Sind sie hinreichend erwachsen, um sich selber durch das Leben zu helfen, so kennen die Eltern ihre ehemals „so heißgeliebten" Kinder plötzlich nicht mehr. Wie die Gatten sich nur als Fortpflanzungsindividuen kennen, so kennen sie ihre Jungen nur als pflegebedürftige Wesen, deren instinctives Benehmen den Pflegetrieb der Alten zur Thätigkeit anregt. Sobald diese instinctive Anregung aufgehört hat, stehen sich die Gatten untereinander sowie ihren Kindern als völlig fremde Wesen gegenüber, die unter sich denselben rücksichtslosen Kampf ums Dasein, um das Fressen und die Brunst kämpfen, als hätten sie niemals zusammengehört. Das ist eine im ganzen Thierreich allgemein verbreitete naturwissenschaftliche Thatsache, ein allgemeines Naturgesetz, vor dem alle Brehmschen Phrasen von ehelicher und elterlicher Liebe im Thierreich zu sentimentalen Faseleien werden. Und diese sentimentalen Faseleien, die auf Begriffsverwechslung und Gefühlsverirrung beruhen, nennt man heutzutage in den weitesten Kreisen — moderne Thierpsychologie!

Die ersten Anfänge einer Brutpflege finden sich bereits unter den Stachelhäutern (Echinodermata), nämlich bei manchen Seesternen (Asterias Mülleri, rugispina, Cribrella oculata[1]). Nach Perrier bildet das weibliche Thier durch Annäherung der Arme an den Körper eine Art Bruthöhle, in welcher die Jungen zu einem Klumpen zusammengeballt sitzen. Von den Echinodermen bis hinauf zu den Wirbelthieren nimmt die Brutpflege die mannigfaltigsten Gestalten an, auf die wir hier nicht weiter eingehen können. Von besonderem psychologischen Interesse sind jene Thiere, bei denen der Nestbau und die Pflege der Jungen nicht von den Weibchen, sondern von den Männchen besorgt wird. Das bekannteste Beispiel dieser „männlichen Brutpflege" bietet unser Stichling (Gasterosteus aculeatus) unter den Fischen. Hier sind die Weibchen gesetzmäßig „Rabenmütter", während die Männchen ebenso gesetzmäßig „Muster-

---

[1] Siehe Sitzungsber. d. Niederrh. Gesellsch. f. Naturf. Bonn 1896. 1. Hälfte, S. 104.

4. Kapitel. Die Brutpflege im Thierreich.

väter" sind. Wie lächerlich sich derartige Thatsachen in anthropomorphem Gewande ausnehmen, braucht wohl kaum bemerkt zu werden [1].

Die höchste Vollkommenheit der Brutpflege und des damit zusammenhängenden Gesellschaftslebens im Thierreich begegnet uns nicht etwa bei den höhern Säugethieren, sondern bei den geselligen Insecten, insbesondere bei den Ameisen. Diese Vollkommenheit wird dadurch ermöglicht, daß hier das weibliche Geschlecht durch organische Arbeitstheilung in eigentliche Weibchen und in fortpflanzungsunfähige Ammen (Arbeiterinnen) sich gliedert. Bei den letztern, die nicht einmal selber die Mütter der Kinder sind, die sie pflegen, erreicht auch die psychische Entwicklung des Brutpflegeinstinctes die höchste Stufe im ganzen Thierreich. Bevor wir jedoch mit dieser Seite des Brutpflegeinstinctes der Ameisen uns näher beschäftigen, müssen wir den Zusammenhang desselben mit den organischen Wachsthumsgesetzen seiner Träger erläutern.

Die körperliche Differenzirung der Mitglieder eines Insectenstaates in verschiedene Stände oder Kasten, ihr Zusammenleben in einer gemeinschaftlichen Wohnung, ihr Nestbau, ihr Nahrungserwerb, ihr ganzes Leben und Treiben ist auf die Brutpflege gerichtet und durch die Brutpflege auf die Erhaltung der Art. Die einjährigen Kolonien der Hummeln, Wespen [2] und Hornissen stellen eine niedere Stufe des Gesellschaftslebens dar als die mehrjährigen Kolonien der Honigbienen, der Ameisen und der Termiten. Bei jenen muß die Insectenfamilie und mit ihr der Insectenstaat jedes Jahr durch ein altes überwintertes Weibchen neu gegründet werden; bei diesen dagegen erreicht die einzelne Familie ein Alter von mehreren, ja oft von vielen Jahren, und dadurch gewinnt ihr Gesellschaftsleben einen dauernden Charakter und meist auch eine reichere, mannigfaltigere Ausgestaltung.

Die organische Grundlage der Insectenstaaten ist, wie schon oben (S. 9) ausgeführt wurde, der Polymorphismus, die aus der innern

---

[1] Folgendes humoristische Citat dürfte hierfür genügen: „Die größte Gefahr jedoch droht ihm (dem Vater Stichling) von den Müttern seiner Kinder. Stets bemüht, ihre eigenen Kinder zu verschlingen, stürmen sie vereint unablässig auf das Nest los, in dem sie der sorgsame Vater bewacht, und nur zu häufig unterliegt dieser den Folgen seiner Vielweiberei." Thilo, Umbildungen an den Gliedmaßen der Fische. Biolog. Centralbl. 1897, 1. Heft, S. 24.

[2] Nach H. v. Jhering (Zool. Anz. Bd. XIX, 1896, Nr. 516, S. 449) bildet ein beträchtlicher Theil der brasilianischen socialen Vespiden (Polybia, Chartergus u. s. w.) mehrjährige (perennirende) Kolonien, nicht einjährige wie unsere einheimischen Wespen.

Entwicklungsanlage hervorgehende Trennung der Individuen in eigentliche Geschlechtsthiere und in „geschlechtslose"[1] Arbeiter; erstern obliegt die Fortpflanzung, welche direct auf die Erhaltung der Art gerichtet ist, während letztere alle Arbeiten für das Wohl der Familie besorgen und dadurch indirect zu demselben Zwecke beitragen. Ohne diese zweckmäßige Arbeitstheilung wären die Insectenstaaten überhaupt unmöglich; und je vollkommener dieselbe ist, desto vollkommener und höher entwickelt ist auch im allgemeinen der Insectenstaat[2]. Bei den Bienen, wo die Arbeiterinnen geflügelt und den eigentlichen Weibchen ziemlich ähnlich sind, ist der Polymorphismus und mit ihm das Gesellschaftsleben minder reich ausgestaltet als bei den Ameisen, wo die Arbeiterinnen keine Flügel besitzen und sich zudem bei vielen Arten abermals in verschiedene Kasten theilen, die man als eigentliche Arbeiter und als Soldaten bezeichnet. Die größte Mannigfaltigkeit der körperlichen Differenzirung herrscht jedoch bei den Termiten, welche zu den Insecten mit unvollkommener Metamorphose gehören; da hier die Larven dem erwachsenen Insect ähnlich sind und in ihrer äußern Gestalt ganz allmählich in dasselbe sich verwandeln, ist bei den Termiten die organische Grundlage für eine noch reichere und mannigfaltigere Kastenbildung geboten, welche nicht bloß Geschlechtsthiere einerseits und Arbeiter und Soldaten andererseits, sondern innerhalb beider Kategorien wiederum mehrere verschiedene Formen umfassen kann[3].

Selbst dem leidenschaftlichsten Vertheidiger der modernen Thierintelligenz wird es nicht beifallen, den Polymorphismus, welcher das Staatsgrundgesetz der Insectengesellschaften bildet, auf die „eigene Intelligenz" der Thiere zurückzuführen. Derselbe beruht offenbar auf den

---

[1] Daß dieselben in Wirklichkeit nicht eigentlich geschlechtslos sind, wurde bereits oben (S. 9) bemerkt.

[2] An erster Stelle kommt es hierbei auf die Differenzirung zwischen Geschlechtsthieren und Arbeiterstand an. So haben z. B. die einjährigen Kolonien der Hummeln einen Dimorphismus der Arbeiterinnen und daher auch eine ausgeprägtere Arbeitstheilung als die mehrjährigen Kolonien unserer Honigbiene. (Ueber die Hummeln vgl. besonders E. Hoffers vortreffliche Beobachtungen über die Hummeln Steiermarks.) Trotzdem sind die Bienenstaaten wegen der größern Verschiedenheit der Arbeiterinnen von den echten Weibchen vollkommener als jene der Hummeln.

[3] Vgl. Hagen, Monographie der Termiten (Linnaea Entomologica, X—XIV); ferner *Grassi e Sandias*, Costituzione e sviluppo della Società dei Termitidi. Catania 1893. (Atti dell' Accademia Gioenia di Scienz. nat. [4] VI und VII); Wasmann, Einige neue Termiten aus Ceylon und Madagascar, in: Wien. Entom. Zeitung 1893, 7. Heft; Neue Termitophilen und Termiten aus Indien (Annali del Museo Civico di Stor. nat. di Genova [2] XVI, 1896, 613—630) u. s. w.

erblichen Gesetzen der organischen Entwicklung. Ebensowenig wie ein junger Hahn es seiner oder seiner „Frau Mama" Intelligenz zu verdanken hat, daß er zu einem Hahne und nicht zu einer Krähe heranwächst, ebensowenig kann eine Intelligenz der Ameise daran theilhaben, daß aus dem Ei und der Larve, welche sie pflegt, eine Ameise und nicht eine Biene wird. Das ist ganz selbstverständlich. Aber die eigenartigen organischen Entwicklungsgesetze bilden nicht nur das Material des Brutpflegeinstinctes, sondern auch die Norm desselben. Die Brutpflegeinstincte der verschiedenen Arten sind den geheimen organischen Wachsthumsgesetzen der betreffenden Species so zweckmäßig entsprechend, daß keine Ueberlegung der Thierintelligenz, ja nicht einmal der schärfste menschliche Verstand auf die Erfindung derselben verfallen könnte. Zudem werden sie von den Arbeiterinnen ohne alle Erfahrung und Belehrung vollkommen fertig ausgeübt; sie kommen mit ihnen zur Welt, wachsen mit ihnen heran und sind mit der Vollendung des organischen Wachsthums der jungen Ameise bereits ebenso fix und fertig wie ihre Körperform. Sie müssen daher aus derselben Quelle hervorgehen wie das organische Wachsthum selber: sie entstammen den organisch-psychischen Entwicklungsgesetzen der betreffenden Arten und haben mit Vernunft und freier Wahl des Einzelwesens nicht das mindeste zu thun. Wie das Männchen einer Ameisenart durch seine organische Entwicklung auch psychisch zum Männchen wird, so das Weibchen zum Weibchen und die Arbeiterin zur Arbeiterin. Die verschiedene Vertheilung der seelischen Begabung bei den verschiedenen Kasten des Ameisenstaates ist durch dieselben Gesetze geregelt wie ihr körperlicher Polymorphismus. Nur daraus ist es begreiflich, daß innerhalb derselben Art die Männchen die dümmsten und auch in ihrer Gehirnentwicklung unvollkommensten Staatsbürger sind, während die Arbeiterinnen eine Fülle der staunenswerthesten instinctiven Begabungen besitzen und in der Vollkommenheit ihrer Instincte wie der Entwicklung ihres Gehirns auch die fortpflanzungsfähigen Weibchen überragen[1]. Die zu Fortpflanzungsindividuen bestimmten Weibchen erhalten durch ihre organische Entwicklung einen vollkommen entwickelten Eierstock, während ihr Gehirn und

---

[1] Forel sagt bezüglich der gestielten Körperchen des Ameisenhirns, deren Bedeutung für das Seelenleben wir bereits früher (Instinct und Intelligenz im Thierreich S. 86) angedeutet haben: „Les corps pédonculés sont énormes chez les ouvrières du genre *Formica*, qui renferme les fourmis les plus intelligentes; et, chose *très remarquable*, ils sont plus petites chez les femelles et beaucoup plus petits chez les mâles du même genre" (Fourmis de la Suisse p. 128). Meine eigenen Untersuchungen bestätigen Forels Angaben.

ihre Instincte sich unvollkommener gestalten. Die Arbeiterinnen dagegen, welche durch die unvollkommene Entwicklung ihrer Eierstöcke verkümmerte Weibchen darstellen, erhalten dafür eine vollkommenere Entwicklung des Gehirns und der instinctiven Befähigung. Die staunenswerthe Klugheit des Arbeiterstandes der Ameisen und ihre daraus hervorgehende sociale Hegemonie im Ameisenstaate sind somit — eine Function ihrer organischen Entwicklung. Das ist die vorgebliche „Intelligenz" und das „geistige Leben" der Ameisen im Lichte der Wissenschaft.

Wir haben soeben den Brutpflegeinstinct der Ameisen von seiner organischen Seite betrachtet; wenden wir nun auch der psychischen Seite desselben unsere Aufmerksamkeit zu.

2. Die Brutpflege der Ameisen.

Die erbliche Anlage des sinnlichen Erkenntniß- und Begehrungsvermögens im Thiere, welche wir Instinct nennen, besitzt bei den Ameisen einen weiten und mannigfaltigen Spielraum der Bethätigung; in der Ausübung der Brutpflegeinstincte ist dieser Spielraum sogar weiter und mannigfaltiger als bei den höhern Säugethieren. Jene instinctive Anlage ist eben kein mechanischer Automatismus, sondern wird durch die verschiedensten sinnlichen Empfindungen und Wahrnehmungen geleitet und beeinflußt. Bei den Bienen werden die Eier einfach von der Königin in die von den Arbeiterinnen bereits hergerichteten Zellen gelegt, und die junge Bienenlarve macht in derselben Zelle ihre ganze Entwicklung durch. Bei den Ameisen herrscht eine andere, viel freiere und wechselvollere Brutpflege. Die von der Königin gelegten Eier werden von den Arbeiterinnen alsbald in Empfang genommen und zu kleinern oder größern Klümpchen zusammengelegt. Dann werden sie immer wieder von allen Seiten sorgfältig beleckt und wachsen infolge des durch Endosmose aufgenommenen Nahrungssaftes bereits etwas in die Länge. Das ist das erste Stadium der Jugenderziehung im Ameisenstaate. Sobald das Ei zur Larve sich entwickelt hat, folgt das zweite, die Fütterung und Pflege der Larven. Ist endlich die Zeit der Verpuppung gekommen, so werden die Ameisenlarven von ihren Wärterinnen auf ein Plätzchen mit feuchter Erde gelegt, und nun wird rings um jede Larve ein kleines Gehäuse oder Gewölbe von Erde gebaut, innerhalb dessen die Larve sich einspinnt. Das Gespinst, welches ihre Puppenhülle bildet, nennt man den Cocon. Von Zeit zu Zeit kommt eine Arbeiterin und sieht nach, ob der Cocon schon fertig ist. Ist dies der Fall, so wird er sorgfältig von der anhaftenden Erde gereinigt und mit andern seinesgleichen, die ebenfalls bereits zur „reifern Jugend" gehören, zu einem saubern Häufchen aufgespeichert. Bei jenen Ameisenarten, deren Larven keinen Cocon spinnen, fällt auch die Einbettung der Larven vor der Verpuppung fort. Dafür erheischt jedoch die Behandlung der äußerst zarten Gliedmaßen der unbedeckten (coconlosen) Puppen um so größere Vorsicht und Sorgfalt, damit keine Sandkörnchen und keine Schimmelpilze in die feinen Körperfugen eindringen und beim Transporte kein Theil des weichen Puppenleibes von den harten Ameisenkiefern, die hierbei als Hände dienen, zu scharf gedrückt werde.

Es erfordert keine geringe Aufmerksamkeit und Geschicklichkeit von seiten der mit der Brutpflege beschäftigten Arbeiterinnen, so einige tausend Eier, Larven und Puppen auch nur hübsch blank und rein zu erhalten. Die feuchte, weiche Haut dieser kleinen Wesen ist in den Erdnestern fortwährend in Gefahr, mit Sand und andern winzigen Fremdkörpern beschmutzt zu werden, und böte zudem eine vortreffliche Brutstätte für die unheilvollen Schimmelpilze. Und trotzdem erhalten die Ameisen ihre Brut stets völlig sauber, so daß man selbst mit der Lupe kein Stäubchen auf ihr entdecken kann. Die Entwicklung von Schimmelpilzen vermögen sie trotz der feuchten, moderigen Atmosphäre vollkommen zu verhindern, sowohl an ihrer Brut wie überhaupt im ganzen Neste. Die antiseptische Wirkung der Ameisensäure spielt hierbei wahrscheinlich eine Hauptrolle.

Die Reinerhaltung der Brut ist nur ein nebensächlicher Zweig der Brutpflege. Schon in diesem Nebenzweige übertreffen die Ameisen alle übrigen Thiere an Sorgfalt und Geschicklichkeit. Keine Katze wäscht durch Belecken ihre Jungen mit so peinlicher Genauigkeit und mit so zarter Aufmerksamkeit, wie eine Ameise die ihr anvertrauten Larven. Wir dürfen deshalb mit Recht erwarten, daß die hohe Vollkommenheit des Brutpflegeinstinctes der Ameisen auch in den übrigen Zweigen dieses für die Arterhaltung äußerst wichtigen Geschäftes, in der zweckmäßigen Regelung der Temperaturbedingungen, in der geeigneten Ernährung und in der Vertheidigung der Brut sich bekunde. Dies ist in der That der Fall, und zwar in einem hohen Grade.

Eine Hauptaufgabe der Brutpflege ist es, die Temperaturverhältnisse so zu regeln, wie es für die Entwicklung der Brut dienlich ist. In der Bienenwabe ist die Lage der Brut bereits durch den Bau der Wabe bestimmt und fest geregelt. Die junge Biene bleibt vom Anfang bis zum Ende ihrer Entwicklung in derselben Zelle, in welche sie als Ei gelegt wurde, und sie ist daher auch gleichbleibenden Temperaturbedingungen ausgesetzt. Ganz anders verhält es sich bei den Ameisen. Hier muß die Temperatur für die verschiedenen Entwicklungsstände durch die Thätigkeit der Arbeiterinnen zweckmäßig gewechselt und geordnet werden. Die Eier und die ganz jungen Larven werden gewöhnlich in den tiefern Kammern des Nestes aufgespeichert, wo die Temperatur kühler und feuchter ist. Etwas weiter oben werden die halberwachsenen Larven untergebracht, in den allerhöchsten Stockwerken die erwachsenen Larven und die Puppen; denn diese bedürfen zu ihrer Entwicklung eines höhern Grades von Wärme, den sie unmittelbar unter der von den Sonnenstrahlen geheizten Nestoberfläche finden. Wird es draußen kühl und regnerisch, so wird sofort auch die reifere Nestjugend in die tiefer gelegenen Gemächer hinabgetragen, wohin Kälte und Nässe nicht so leicht vordringen können. Allein schon die Regelung der Temperaturverhältnisse, wie sie den verschiedenen Entwicklungsständen der Brut ersprießlich ist, schließt einen staunenswerthen Scharfsinn in sich, einen Scharfsinn, den wir Menschen erst durch langjährige Beobachtungen und Studien uns aneignen müßten. Bei den Ameisen besitzt ihn aber jede einzelne Arbeiterin bereits, sobald sie aus der Puppenhülle gezogen und trocken geworden ist. Es ist eben ein instinctiver Scharfsinn, der mit Intelligenz und Ueberlegung gar nichts zu thun hat, sondern wesentlich von ihr verschieden ist. Sinnliche Gefühlseindrücke, nicht intellectuelle Begriffe sind es, was die Handlungsweise der Ameisen unmittelbar bestimmt. Die angeborne zweckmäßige Anlage des sinnlichen Erkenntniß- und Begehrungsvermögens erklärt dieses Räthsel befriedigend, während es durch die Annahme einer Thierintelligenz nicht gelöst werden kann.

Jetzt kommt aber erst das räthselhafteste und geheimnißvollste Kapitel in der Brutpflege der Ameisen, nämlich der Einfluß der verschiedenen Erziehung der jungen Larven auf die Entwicklung der verschiedenen Kasten im Ameisenstaate. Die Wissenschaft hat eben erst begonnen, die hier verborgenen Geheimnisse zu ahnen; von einer tiefern Kenntniß derselben ist sie noch weit entfernt. Wir wollen unsern Lesern in möglichster Kürze mittheilen, was bisher mit Sicherheit oder Wahrscheinlichkeit über diese Frage bekannt ist. Es wird völlig hinreichen zum Beweise, daß der Brutpflegeinstinct der Ameisen jenen der Vögel und Säugethiere in psychischer Beziehung weit überragt.

Daß bei den geselligen Wespen, Bienen und Ameisen aus den unbefruchteten Eiern bloß Männchen kommen, während sich die befruchteten

Eier zu Weibchen oder Arbeiterinnen entwickeln, ist schon seit langem bekannt. Es hängt von der instinctiven Willkür der Königin ab, ob sie ein befruchtetes Ei legen will oder nicht, indem sie bei der Eiablage die Verbindung des Eileiters mit der Samentasche entweder öffnet oder schließt. Die Bestimmung des Geschlechtes ist also nicht der Brutpflege der Arbeiterinnen überlassen, sondern dem Instincte des eierlegenden Weibchens. Bei der Biene wird dieser Instinct durch die Größe und Form der Zelle, in welche die Königin ihren Hinterleib zur Eiablage steckt, zur zweckmäßigen Thätigkeit angeregt; in eine Drohnenzelle legt sie ein unbefruchtetes Ei, in die Zelle einer künftigen Königin oder Arbeiterin dagegen ein befruchtetes Ei. Die Tastwahrnehmung von der Gestalt der Zelle scheint es zu sein, was sie zunächst und unmittelbar hierzu bestimmt. Vielleicht hat jedoch die Geruchswahrnehmung der von den Arbeiterinnen beim Bau der Zelle verwandten Speichelbrüsensecrete hierfür eine noch größere Bedeutung[1]. Die Größe und Form der Zelle ist aber ein Werk der Baukunst der Arbeiterinnen; dadurch wird bei den Bienen die Bestimmung des Geschlechtes der Brut mittelbar von dem Instincte der Arbeiterinnen geregelt. Bei den Ameisen liegt die Sache anders, weil hier die Königin ihr Ei nicht in eine Zelle legt, sondern es von den Arbeiterinnen einfach in Empfang nehmen läßt. Die instinctive Selbstbestimmung des eierlegenden Weibchens ist somit bei den Ameisen wenigstens scheinbar größer. Allerdings ist es sehr wahrscheinlich, daß die Fütterung und Behandlung der Königin von seiten der Arbeiterinnen mittelbar auch auf die Art der Eiablage einwirkt; wie dies geschieht, ist jedoch noch ganz unbekannt.

Wenden wir uns nun von der Königin zu den Arbeiterinnen. Es ist schon lange festgestellt, daß bei den geselligen Wespen, Bienen und Ameisen auch die Arbeiterinnen, welche verkümmerte Eierstöcke mit einer viel geringern Zahl von Eiröhren besitzen und überdies sich nicht paaren können, dennoch manchmal entwicklungsfähige Eier legen. Diese Erscheinung wurde von Karl v. Siebold[2], dem wir ihre Entdeckung hauptsächlich verdanken, als Jungfernzeugung oder Parthenogenesis bezeichnet. Unter natürlichen Verhältnissen kommt die Parthenogenesis bei Ameisen hauptsächlich in solchen Kolonien vor, welche ihre Königin verloren haben und

---

[1] Vgl. hierüber die schon erwähnte Schrift von A. Ludwig, Futtersaft oder thierische Veranlagung S. 32.

[2] Wahre Parthenogenesis bei Schmetterlingen und Bienen. Leipzig 1856. — In neuester Zeit hat Ch. Janet auch bei Hornissen Parthenogenesis constatirt (Sur Vespa Crabro Extr. des Mém. de la Soc. Zool. de France 1895 p. 75).

2. Die Brutpflege der Ameisen.

sich daher durch Eiablage der Arbeiterinnen neue Brut zu verschaffen suchen. In einigen Beobachtungsnestern von Polyergus rufescens, Formica sanguinea und rufibarbis, die keine Königin enthielten, bemerkte ich, wie die Arbeiterinnen — bei Polyergus die Sklaven (Formica fusca) — irgend eine besonders große Arbeiterin der Herrenart zur Ersatzkönigin auswählten, sie besser pflegten und reichlicher fütterten und badurch zur parthenogenetischen Eiablage veranlaßten. Hieraus ist ersichtlich, daß es dem Instincte der Ameisen freisteht, unter bestimmten Umständen selbst bei schon erwachsenen Arbeiterinnen die Entwicklung der Eierstöcke durch besondere Pflege so weit zu befördern, daß sie zur Eiablage befähigt werden[1]; allerdings können aus den auf diesem Wege erzeugten, unbefruchteten Eiern stets nur Männchen hervorgehen. In dieser Erscheinung zeigt sich ein wunderbarer Scharfsinn und eine intelligenzähnliche Schmiegsamkeit des thierischen Instinctes, die man schwerlich mit dem Namen „Automatismus" belegen kann. Auf Intelligenz im eigentlichen Sinne läßt sie sich allerdings ebensowenig zurückführen; denn diese würde eine verstandesmäßige Kenntniß von den innern Entwicklungsgesetzen des Ameisenorganismus voraussetzen, welche sogar die menschliche Intelligenz weit übersteigt und völlig außerhalb des Bereiches der Ueberlegung und sinnlichen Erfahrung einer Ameise liegt. Nur aus der zweckmäßigen Anlage des sinnlichen Erkenntniß- und Begehrungsvermögens ist es erklärlich, daß die Wahrnehmung eines bestimmten Bedürfnisses auch eine entsprechende Abänderung des Pflegeinstinctes zur Folge hat, durch die jenem Bedürfnisse abgeholfen wird.

Ob aus den betreffenden Eiern männliche oder weibliche Individuen sich entwickeln sollen, ist, wie wir gesehen haben, dem Legeinstincte der Königin anheimgegeben; auf diese Verschiedenheit kann durch die Pflegekunst der Arbeiterinnen nur ein mittelbarer Einfluß geübt werden. Jetzt

---

[1] Von dieser Form der Parthenogenesis, die von den Arbeiterinnen selber veranlaßt wird, ist eine andere wohl zu unterscheiden, welche durch künstliche Temperaturerhöhung herbeigeführt werden kann und mit dem Instincte der Ameisen nichts zu thun hat. Vgl. meine Mittheilung im Biologischen Centralbl. Bd. XI (1891), Nr. 1: „Parthenogenesis bei Ameisen durch künstliche Temperaturverhältnisse." Die von E. Bickford (Ueber die Morphol. und Physiol. d. Ovarien der Ameisen-Arbeiterinnen, im Zoolog. Jahrb., Abth. f. Systemat. IX [1895], 1. Heft) mit Lasius fuliginosus angestellten Versuche (S. 19; Sep. S. 28) gehören eher in die letztere Kategorie als in die erstere, da auch hier künstlich erhöhte Temperatur angewandt wurde. Jedenfalls kommen sie den natürlichen Verhältnissen nicht so nahe als meine oben mitgetheilten Beobachtungen. Ueber letztere vgl. auch Stett. Entom. Ztg. 1890, S. 303—305, und Biolog. Centralbl. 1895, S. 609 und 610.

aber stehen wir vor der Frage: Woher kommt es, daß aus ein und demselben befruchteten Ei in dem einen Falle eine vollkommen fortpflanzungsfähige Königin, in dem andern dagegen eine geschlechtlich unvollkommene, dafür aber psychisch viel höher begabte Arbeiterin hervorgeht? Hier beginnt eigentlich erst die geheimnißvolle Machtsphäre des Brutpflegeinstinctes der geselligen Insecten, eines Instinctes, der seinesgleichen im ganzen übrigen Thierreich nicht hat.

Es ist bekannt, daß bei der Honigbiene aus einer noch jungen Arbeiterinnen-Larve durch Vergrößerung der betreffenden Zelle und durch reichlicheres und besseres Futter [1] noch eine echte Königin erzogen werden kann. Auch bei den Termiten sind nach Grassi und Sandias [2] die verschiedenen Ernährungsweisen der Larven, besonders die verschiedenen Speicheldrüsen-Secrete der Ammen, von großer Wichtigkeit für die Differenzirung der zu einem und demselben Geschlechte gehörigen Kasten. Dasselbe gilt wahrscheinlich auch für die Ameisen [3], und zwar in noch mannigfaltigerem Grade als bei den Honigbienen. Eine Andeutung hierfür geben die zahlreichen Zwischenformen zwischen Weibchen und Arbeiterin bei den Ameisen [4]. Dieselben sind zwar überall, wo sie vorkommen, nur eine Ausnahmeerscheinung, aber eine derartige, daß sie auf die Entstehung der normalen Kastenunterschiede von Weibchen und Arbeiterin einiges Licht werfen. Sie sind nämlich am besten verständlich in der Voraussetzung, daß die Verschiedenheit dieser beiden Formen im Ei noch nicht festbestimmt vorhanden ist; was aus dem befruchteten Ei werden wird, ob ein geflügeltes vollkommenes Weibchen oder eine normale Arbeiterin oder eine Zwischenform, das scheint von der Brutpflege abzuhängen.

Natürlich ist die specifische Entwicklungsanlage der betreffenden Ameisenart von grundlegender Bedeutung für die Differenzirung der normalen

---

[1] Vgl. hierüber auch N. Ludwig, Futtersaft oder thierische Veranlagung. — Nach den v. Plantaschen Tabellen enthält die Weisellarvennahrung einen bedeutend höhern Fettgehalt. Insbesondere dürfte aber nach Ludwig die verschiedene Beschaffenheit des von den Bienen der Nahrungsflüssigkeit beigemengten Speichels von ausschlaggebender Bedeutung sein.

[2] Costituzione e sviluppo della Società dei Termitidi (Catania 1893) p. 75 ad 108.

[3] Vgl. auch *Emery*, Le Polymorphisme des fourmis et la castration alimentaire, Leyden 1896 (Extr. d. Compte-Rendu d. Séances d. 8me Congrès international de Zool. p. 395 ss.).

[4] Die ergatogynen Formen bei den Ameisen und ihre Erklärung (Biolog. Centralblatt 1895, Nr. 16 und 17).

Kasten wie für die Entstehung bestimmter anormaler Zwischenformen. Wo die betreffende Entwicklungsmöglichkeit fehlt, da fehlt dem Brutpflegeinstinct der Arbeiterinnen selbstverständlich die Grundlage, das Material für seine Wirksamkeit in dieser Richtung. Hieraus erklärt es sich, daß bei manchen Arten nur diese, bei andern nur jene, bei andern endlich gar keine Zwischenformen zwischen Weibchen und Arbeiterin vorkommen. Aber innerhalb dieser durch die Entwicklungsanlage gesteckten Grenzen bleibt noch ein weiter Spielraum für den Brutpflegeinstinct der Ameisen übrig.

Ich habe die Mischformen von Weibchen und Arbeiterin in sechs Klassen eingetheilt, von denen hier nur die eine oder die andere erwähnt werden soll. Manchen dieser „ergatogynen" Gestalten kann man es gleichsam ansehen, wie sie wahrscheinlich entstanden sind, ob dadurch, daß eine Larve, welche ursprünglich bis zu einem gewissen Stadium zur Arbeiterin erzogen worden war, späterhin die Erziehung einer Weibchenlarve erhielt, oder ob das Umgekehrte stattgefunden. In ersterem Falle macht die Zwischenform den Eindruck einer Excessbildung des Arbeiterinnencharakters, in letzterem Falle denjenigen einer Hemmungsbildung des Weibchencharakters; im erstern Falle entsteht eine sogen. arbeiterähnliche (ergatoide) Königin, im letztern eine weibchenähnliche Arbeiterin, die ich als falsche Weibchen (Pseudogynen) bezeichnet habe. Die erstere verbindet mit der Brustbildung einer Arbeiterin die Größe und die Hinterleibsentwicklung einer Königin; letztere dagegen verbindet die buckelige Brustbildung eines Weibchens mit der Kleinheit und der verkümmerten Hinterleibsentwicklung einer Arbeiterin. Namentlich die letztgenannte Form, die Pseudogynen, scheinen sich besser durch die Methode ihrer Erziehung erklären zu lassen als aus einer besondern Entwicklungsanlage des Eies, aus dem sie hervorgehen. Ich kenne Kolonien von Formica sanguinea, bei denen diese Pseudogynen in einem Jahre plötzlich auftreten, sich in den nächsten Jahren in größerer Zahl zeigen, später aber wiederum sich vermindern. Eine Kolonie (Nr. 21) erzog im Jahre 1895 sogar alle nur möglichen pseudogynen Uebergangsstufen zwischen normalen Arbeiterinnen und normalen Weibchen! Da die Königinnen, welche in den betreffenden Kolonien die Eier legen, die Natur ihres Eierstockes nicht von einem Jahre zum andern willkürlich zu ändern vermögen, sondern befruchtete Eier von gleicher Entwicklungsanlage legen müssen, muß man die Entstehung jener Zwischenformen wahrscheinlich auf die wechselnde Beschaffenheit der Brutpflege zurückführen, auf Modificationen des Brutpflegeinstinctes der Arbeiterinnen. Dies wird auch dadurch bestätigt, daß die Entstehung der Pseudogynen bei Formica sanguinea ursächlich zusammenhängt mit der Erziehung der Larven eines echten Ameisengastes, des Käfers Lomechusa strumosa. Diesen geheimnißvollen Zusammenhang habe ich bereits durch die mehrerwähnte Statistik, welche 250 Kolonien der genannten Ameise auf einem Umkreise von mehreren Quadratkilometern bei Exaeten umfaßt, nachgewiesen; dieselbe wird später in einer fachwissenschaftlichen Zeitschrift veröffentlicht werden[1]. Hier sei nur erwähnt, daß die Pseudogynen=Herde und die Lomechusa=Herde stets zusammenfallen, indem die Pseudogynen und die Lomechusen regelmäßig in denselben oder in benachbarten Nestern sich finden. Die Zahl der Kolonien, in denen ich Lomechusa antraf (47), ist bedeutend größer als die Zahl der pseudogynenhaltigen Kolonien (26); letztere bilden gleichsam die Centralpunkte, von denen aus die Lomechusen allmählich in die umliegenden Nester sich verbreiten und auch in diesen nach und nach die Entstehung von Pseudogynen veranlassen. Auf den Eierstock der Ameisenweibchen kann die Anwesenheit dieser Käfer und ihrer Larven, die von den Arbeiterinnen sich füttern lassen, schwerlich einen verändernden Einfluß ausüben, wohl aber auf den Brutpflegeinstinct der Arbeiterinnen. Hier ist somit die Lösung dieses interessanten Räthsels wahrscheinlich zu suchen.

Es gibt bei den Ameisen Zwischenformen von Weibchen und Arbeiterin, welche für die Erhaltung der betreffenden Kolonie und der betreffenden Art zweckmäßig sind, andere, welche mehr oder minder indifferent, andere endlich, welche für jenen Zweck entschieden hinderlich und schädlich sind und gleichsam pathologische Erscheinungen darstellen. Zweckmäßig ist beispielsweise die Erziehung von arbeiterähnlichen flügellosen Königinnen bei der Amazonenameise (Polyergus rufescens), da deren Kolonien meist selten sind und weit voneinander entfernt liegen. Daher ist nur geringe Wahrscheinlichkeit vorhanden, daß die geflügelten Geschlechter aus verschiedenen Kolonien beim Paarungsfluge sich begegnen; überdies ist die Gründung neuer Niederlassungen durch einzelne befruchtete Weibchen bei dieser Ameisenart viel schwieriger als sonst, indem Polyergus ganz auf die Hilfe von fremden Sklaven angewiesen ist. Die flügellosen Königinnen dagegen können sich vom Neste nicht so weit entfernen; wenn sie in nächster Nähe desselben von den geflügelten Männchen befruchtet

---

[1] Die erste Mittheilung hierüber ist schon im Biolog. Centralbl. 1895, Nr. 16 und 17, gegeben (Die ergatogynen Formen bei den Ameisen und ihre Erklärung).

2. Die Brutpflege der Ameisen.

worden sind, vermögen die umherstreifenden Sklaven sie leicht wieder nach Hause zurückzubringen; es ist somit sehr zweckmäßig, daß gerade bei Polyergus so oft ergatoide Königinnen erzogen werden. Auf eine „Intelligenz" der Ameisen läßt sich diese Einrichtung nicht zurückführen; denn die Erziehung der Brut wird hier ausschließlich von den Sklaven (meist Formica fusca) besorgt, diese Sklaven aber werden aus Kolonien geraubt, welche selber keine ergatoiden Weibchen erziehen und weder durch Ueberlegung noch durch sinnliche Erfahrung eine verstandesmäßige Kenntniß von den besondern Bedürfnissen der Brutpflege bei Polyergus haben können. Die Thierintelligenz erweist sich hier völlig ohnmächtig. Wenn Formica fusca als Sklavin der Amazonen die Brut der letztern so erzieht, wie es für die Erhaltung gerade dieser Art dienlich ist, so müssen wir annehmen, daß der Brutpflegeinstinct der Sklaven durch die besondern Sinneseindrücke, welche er in den Nestern von Polyergus erhält, zweckmäßig beeinflußt und modificirt werde.

Was sollen wir aber zu der Erziehung der Pseudogynen bei Formica sanguinea sagen? Diese Mischform von Weibchen und Arbeiterin ist entschieden unzweckmäßig für die Erhaltung der Kolonie wie der Art. Die Pseudogynen sind krüppelhafte Wesen, die weder zur Arbeiterin noch zum Weibchen taugen, die weder am Nestbau noch an der Brutpflege[1] noch an der Vertheidigung der Kolonie noch an der Fortpflanzung sich betheiligen: sie sind einfachhin verunglückte Existenzen. Daß ihre Erziehung nicht ein Werk der „individuellen Ameiseninintelligenz" sein kann, ist klar; denn die traurige Erfahrung müßte die Ameisen ja über die Thorheit dieses Mißgriffes in der Brutpflege sofort aufklären, wenn sie auch nur ein Fünkchen Verstand besäßen. Ja wir müßten sogar an der zweckmäßigen Anlage des Thierinstinctes und an der Weisheit des Schöpfers zweifeln, wenn die Pseudogynen dem normalen Brutpflegeinstincte der Ameisen ihre Entstehung verdankten. Wie ist dieses Räthsel zu lösen? Lomechusa strumosa gibt uns die richtige Antwort. Die Erziehung der Pseudogynen ist (nach unserer Hypothese) eine Verirrung des Brutpflegeinstinctes der Ameisen, veranlaßt durch die oft wiederholte Erziehung der Larven dieses Käfers. Lomechusa ist im Haushalte der Natur dazu bestimmt, die zu starke Vermehrung eben jener Ameisenarten einzuschränken, deren gastliche Pflege sie genießt. Daher fressen die Larven dieser Käfer

---

[1] Nur ein einziges Mal sah ich (im August 1896), daß eine Pseudogyne bei Erhellung des Nestes eine Ameisenlarve ergriff und forttrug, wie die Arbeiterinnen es zu thun pflegen.

nicht bloß thatsächlich die Eier und jungen Larven der Ameisen in Menge auf — wobei die Ameisen ihnen ruhig zusehen —, sondern sie veranlassen durch die Vernichtung der Ameisenbrut und durch die Pflege, die ihnen selber zu theil wird, sogar **eine Entartung des normalen Brutpflegeinstinctes der Arbeiterinnen**, welche zur Erziehung krüppelhafter Pseudogynen führt[1]. Mit der Annahme einer individuellen Thierintelligenz stehen diese Thatsachen in allseitigem, unlösbarem Widerspruche. Sie sind einzig vom Standpunkte einer höhern teleologischen Naturbetrachtung verständlich, welche die Weisheit des Schöpfers nicht durch den „eigenen Verstand der Thiere" zu ersetzen sich anmaßt.

Die soeben geschilderten Vorgänge in der Brutpflege der Ameisen sind nur der aufmerksamsten wissenschaftlichen Beobachtung zugänglich. Sehen wir uns jetzt noch einige Züge an, die auch jedem Laien in der Ameisenkunde bekannt sind und auch dem flüchtigsten Beobachter des Ameisenlebens schwerlich entgehen. Da fällt uns vor allem die große Anhänglichkeit der Arbeiterinnen an ihre Brut in die Augen. Sie bewahren dieselbe sorgfältig vor jeder Störung und bieten auf Kosten ihres eigenen Lebens alle Kräfte auf, um feindliche Räuber von ihnen abzuwehren. Die ganze Kolonie geräth in die größte Wuth, wenn man es versucht, ihr die Larven und Puppen gewaltsam zu nehmen[2]. Man mag einen Haufen der Waldameise mit dem Stocke aufwühlen; es wird dadurch allerdings ein heftiger Aufruhr entstehen, und die Arbeiterinnen stürzen zur Abwehr des Feindes in Masse hervor. Stößt man dabei aber auf

---

[1] Durch diese Ausführungen dürfte wohl der Einwand von Dr. Gottfr. Adlerz hinreichend widerlegt sein, welcher in dem dritten Theile seiner werthvollen Myrmecologiska studier (Stockholm 1896) meine psychologische Erklärung der Pseudogynenerziehung mißverstanden hat, indem er (S. 51) sagt: „Hier scheint Wasmann den Ameisen ein ganz übertrieben hohes Reflexionsvermögen zuschreiben zu wollen, wie er es ihnen sonst nicht zuerkennen will." — Aus der pathologischen Entartung des Brutpflegeinstinctes erklärt sich überdies, weshalb die Erziehung von Pseudogynen auch dann noch fortgesetzt wird, wenn man den betreffenden Kolonien die Lomechusen weggenommen hat. — Uebrigens sei hier nochmals ausdrücklich bemerkt, daß der ursächliche Zusammenhang der Pseudogynen mit den Lomechusen nicht verwechselt werden darf mit der **Erklärung** dieses Zusammenhanges. Ersterer scheint durch meine Statistik sicher festgestellt, letztere ist bloß Hypothese.

[2] Selbst bei sonst sehr friedlichen Arten ist dies der Fall, wie z. B. bei den großen amerikanischen Blattschneiderameisen der Gattung Atta. Herrn Professor Forel wurde beim Aufbrechen eines Nestes von Atta sexdens in Rio Frio sogar eine Arterie am kleinen Finger von einer großköpfigen Arbeiterin durchgebissen. Vgl. Forel, Zur Fauna und Lebensweise der Ameisen im kolumbischen Urwald (Mittheil. b. schweiz. Entom. Gesellschaft Bd. IX, Heft 9) S. 407.

ein Puppenlager und versucht es, die Cocons zu sammeln, so erreicht der Zorn der kleinen Ameisen ihren Höhepunkt: wie ein Heer von wüthenden Furien fallen sie über den Angreifer her und bedecken ihn mit Bissen und Giftsalven. Hunderte und Tausende lassen sich vom Feinde zerquetschen und immer neue Hunderte und Tausende stürzen sich ohne Zaudern in den Tod. Keine Löwin und kein Aeffin vertheidigt ihre Jungen mit einem solchen Heroismus, wie die Ameise ihre Larven und Puppen. Eine Arbeiterin läßt sich oft eher den Kopf abreißen, als daß sie die Puppe, die sie in den Kiefern forträgt und zu retten versucht, dem Feinde preisgäbe. Und doch ist das Junge, für welches sie sich so „selbstlos aufopfert", nicht einmal ihr eigenes Kind; es ist bloß ihr Pflegekind. Aber jenes höhere Naturgesetz, welches die Erhaltung der Art zum mächtigsten instinctiven Gebote für die Thierseele gemacht hat, dieses selbe Naturgesetz hat auch der Arbeiterameise geboten, für eine Brut, die sie nicht selbst erzeugt hat, ihre ganze Arbeitskraft und selbst ihr Leben einzusetzen; und sie folgt treu diesem Gebote, nicht aus individuellem Pflichtbewußtsein und edler Selbstlosigkeit, sondern aus einem unwiderstehlichen instinctiven Triebe, den sie nicht selber sich gegeben hat und dem sie nicht mit vernünftiger Ueberlegung und freier Wahl, sondern mit blinder Naturnothwendigkeit Gehorsam leistet.

Wer dem Thiere Intelligenz zuerkennt, wer ihm einen noch so geringen Grad von vernünftiger Einsicht in den Zweck seiner Handlungen zuschreibt, der muß nothwendig dazu kommen, die Aufopferung der einzelnen Arbeiterameise für das Wohl der Kolonie und insbesondere für das Wohl der Brut als einen hohen Grad von menschenähnlicher, ja übermenschlicher Tugend zu preisen. Thatsächlich haben auch L. Büchner, E. Haeckel, Th. Eimer, O. Zacharias und andere moderne Thierpsychologen derartige Behauptungen aufgestellt[1]. Das einzige Gute an denselben ist allerdings bloß ihre Kühnheit, eine Kühnheit, welche sich selber ad absurdum führt.

Was ist es denn eigentlich, was die Ameise zur heroischen Hingabe und Selbstopferung für die Brut ihrer Kolonie antreibt? Ist es etwa die „Mutterliebe"? Nein; denn die Arbeiterinnen stehen zu der von ihnen gepflegten Brut bloß in einem Schwester- oder Tantenverhältniß, da unter gewöhnlichen Bedingungen die Eier nur von den befruchteten

---

[1] Vgl.: Die zusammengesetzten Nester und gemischten Kolonien der Ameisen S. 190 und 191.

Weibchen der Kolonie gelegt werden. Die „schwesterliche oder tantliche Liebe" ist also die psychische Triebfeder der Brutpflege bei den Ameisen. Nach der modernen Thierpsychologie, welche dem Thiere wenigstens neben dem Instincte noch eine Dosis wirklicher Intelligenz zuschreibt, ist nicht daran zu zweifeln, daß die Arbeiterameisen diesen ihren schwesterlichen und tantlichen Beruf mit „Verständniß" erfüllen, daß sie die ihnen zugefallene Aufgabe im Staatshaushalte erkennen und mit dem Bewußtsein der Pflichterfüllung sich der Pflege einer nicht von ihnen selbst erzeugten Brut hingeben. Welchen Grad wird die Liebe der Arbeiterameise zu den Jungen aber erst dann erreichen, wenn zu der Schwesterliebe und der Tantenliebe und der Berufsliebe noch die **Mutterliebe** im eigentlichen Sinne sich gesellt, diese stärkste aller Liebesquellen in der ganzen Schöpfung? Müssen wir da nicht erwarten, daß die Liebe der Arbeiterameise zu ihren **eigenen** Jungen ein ganz überströmendes, unaussprechliches Maß erreicht?

Das ständ in der That zu erwarten, wenn die Ameisen Intelligenz und Selbstbewußtsein besäßen. Was geschieht aber in Wirklichkeit? **Die Arbeiterinnen fressen die von ihnen selbst gelegten Eier meist zum großen Theile auf**[1]. Ist das etwa der Gipfel der Mutterliebe, der edeln selbstaufopfernden Mutterliebe, daß sie ihr Kind in dieser Weise „zum Fressen lieb hat"? Oder sollen wir die auf parthenogenetischem Wege Eier legende Arbeiterameise etwa für eine „schändliche, kannibalische, pflichtvergessene Rabenmutter" erklären? Das wollen wir der Brehmschen Psychologie zur Entscheidung überlassen. Wir glauben jedoch, daß jedem vernünftigen Menschen durch solche Thatsachen die Augen aufgehen müssen über den offenbaren Widerspruch, der in den Phrasen von „Thierintelligenz" und „Thierethik" verborgen liegt.

Der Brutpflegeinstinct der Ameisen mit all seiner „hingebenden Selbstlosigkeit" ist also nichts weiter als ein **rein instinctiver Trieb**, der bloß durch sinnliche Eindrücke, nicht aber durch Verstandesbegriffe in seiner Thätigkeit geleitet und bestimmt wird. Dieser instinctive Trieb ist unter normalen Verhältnissen zweckmäßig geordnet und äußert sich dann als „opferwillige Schwesterliebe und Tantenliebe". Wird aber durch den anormalen Reiz, welchen die Parthenogenesis auf das Nervensystem der Ameise ausübt, der normale Kreis der Sinneseindrücke gestört, dann geht aus der Schwesterliebe keine Mutterliebe, sondern „roher, gefühlloser Kannibalismus" hervor.

---

[1] Vgl. auch Biologisches Centralblatt XI (1891), S. 21 ff.

Die moderne Thierpsychologie treibt offenbar mit dem Begriff der „Mutterliebe" ein frevelhaftes Spiel, indem sie denselben auf den Brutpflegeinstinct im Thierreich überträgt. Man sage nicht etwa: „Ja, aber bei den höhern Thieren ist es anders als bei den Ameisen." Denn wir haben bereits im obigen nachgewiesen, daß die Brutpflege der Ameisen sowohl durch die intelligenzähnliche Selbstbestimmung in der Erziehungsweise der Jungen als durch die hohe Selbstlosigkeit in Pflege und Vertheidigung derselben noch höher steht als diejenige der Vögel und Säugethiere. Wenn ein Unterschied vorhanden ist, so besteht er darin, daß bei den letztern die Erziehung der Brut noch weniger „Intelligenz" und noch weniger „individuelle Freiheit" verräth als bei den Ameisen. Es ist ferner bekannt, daß auch zahme Schweine nicht selten eines ihrer Jungen fressen; und doch sind die Schweine ja „höhere Thiere". Das Mutterschwein handelt in diesem Falle ebensowenig „unmoralisch" als die Arbeiterameise, welche das von ihr selbst gelegte Ei verzehrt. Denn die Sittlichkeit setzt Verstand und freien Willen, Ueberlegungsfähigkeit und Pflichtbewußtsein voraus; das alles fehlt aber im ganzen Thierreich, und findet sich bloß beim Menschen.

Daß die Thiere sich nicht durch Verstandsbegriffe, sondern nur durch sinnliche Gefühlseindrücke und sinnliche Vorstellungen bei der Pflege ihrer Jungen leiten lassen, geht ganz besonders aus den Adoptionserscheinungen im Thierreich hervor. Auf diese wollen wir daher jetzt unsere Aufmerksamkeit richten.

3. Die Adoptionsinstincte im Thierreich.

Die Neigung zur Adoption fremder Jungen ist bei allen jenen Thieren, deren Arterhaltung eine aufmerksame Pflege der eigenen Brut erfordert, weit verbreitet. Wir finden sie bei den Ameisen gegenüber den Eiern, Larven und Puppen fremder Kolonien der eigenen Art sowie oft auch verwandter fremder Arten, ja sogar gegenüber Mitgliedern ganz anderer Insectenordnungen, die in ihrer Gesellschaft leben. Aus dem Adoptionsinstincte entspringen die gemischten Kolonien der sklavenhaltenden Ameisen, indem die geraubten Puppen der Sklavenart — sei es nun von den Herren selbst oder von den schon vorhandenen Sklaven — gleich der eigenen Brut erzogen werden. Auf den Adoptionsinstinct ist auch die Pflege zurückzuführen, welche die Ameisen ihren echten Gästen oder ihren Hausthieren aus andern Insectenordnungen zuwenden, insbesondere aber ist die Sorgfalt, mit der sie die Larven bestimmter Käfer (Lomechusa, Atemeles) sowie die Eier mancher Blattläuse erziehen, aus dieser Quelle zu erklären.

Demselben Adoptionstriebe, wenngleich nicht in so intelligenzähnlicher Form, begegnen wir auch bei den Vögeln. Das bekannteste Beispiel bietet die Haushenne, welche fremde Hühnereier oder Eier von Enten, Gänsen, Truthühnern und andern Vögeln bereitwillig ausbrütet und die jungen Adoptivkinder ebenso fürsorglich hütet, wie wenn es ihre eigenen Küchlein wären. G. Romanes[1] gelang es sogar, eine Henne zur Pflegemutter einiger junger Frettchen zu machen, die er ihr, statt der künstlichen Eier, auf denen sie brütete, untergeschoben hatte. In freier Natur machen es die zahlreichen Vogelarten, welche zu den Pflegern des Kuckucks gehören, diesem Wechselbalge gegenüber gerade so, nur mit dem Unterschiede, daß sie ihm als Nesthocker eine noch viel sorgfältigere Pflege angedeihen lassen. Denselben Adoptionstrieb treffen wir endlich auch bei den Säugethieren wieder, die blutdürstigsten Raubthiere nicht ausgenommen. Mag es auch eine Fabel sein, daß das alte Rom dem Adoptionsinstinct einer Wölfin, welche Romulus und Remus säugte, seinen Ursprung zu verdanken habe, so sind doch ähnliche Thatsachen, daß z. B. säugende Katzen junge Kaninchen und Eichhörnchen an Kindes Statt annahmen[2], völlig verbürgt. Besonders stark ist der Adoptionstrieb bei den meisten Affen, und zwar mit noch charakteristischern Zügen der Vernunftlosigkeit, als er sie im ganzen übrigen Thierreiche aufweist. Für die oberflächliche Betrachtungsweise der modernen Thierpsychologie gelten diese Erscheinungen allerdings als edle Aeußerungen eines menschlichen Mitleids, als ein sentimentales Ueberströmen der „Mutterliebe" auf die fremden Jungen. Eine genaue wissenschaftliche Beobachtung und eine kritische psychologische Prüfung beweisen jedoch gerade das Gegentheil aus denselben Erscheinungen: daß nämlich der Brutpflegeinstinct im ganzen Thierreich bloß ein sinnlicher Trieb ist, dem keine individuelle Intelligenz und keine individuellen Sittlichkeitsmotive zu Seite stehen.

Wenn eine Henne auf Kalksteinen oder auf Stücken einer eisernen Kette, die man ihr statt der eigenen Eier untergeschoben hat, ruhig weiter brütet, wird man schwerlich sagen können, es sei die „Mutterliebe", was sie hierzu bewegt. Das Thier sucht einfachhin eine instinctive Befriedigung

---

[1] Geistige Entwicklung im Thierreich, Leipzig 1885, S. 235.
[2] Vgl. W. Herb im Scottish Naturalist 1872, S. 155.

3. Die Adoptionsinstincte im Thierreich.

seines Bruttriebes, nichts weiter; die höhern Ziele der Brutpflege sind ihm vollständig unbekannt. Wilhelm von Reichenau berichtet von einer Hündin, der man ihre Jungen genommen hatte, daß sie ein paar alte Pantoffel herbeiholte und dieselben zu säugen versuchte[1]. Ob sie dadurch etwa ihr „mütterliches Pflichtbewußtsein" zu beschwichtigen vorhatte, werden wohl die Brehm'schen Thierpsychologen besser beurtheilen können als wir, denen solche Thatsachen nur beweisen, daß der Brutpflegeinstinct der Thiere ein rein sinnlicher, von keiner vernünftigen Ueberlegung geleiteter Trieb ist.

Aus dieser organisch-sinnlichen Natur des Brutpflegetriebes erklärt es sich auch, weshalb derselbe in vielen Fällen auf die hilflosen Jungen fremder Thierarten sich erstreckt, deren instinctives Benehmen eine gewisse Aehnlichkeit mit demjenigen der eigenen Jungen hat. Durch die sinnliche Wahrnehmung dieser kleinen Geschöpfe wird der Pflegetrieb der Alten angeregt, und sie „adoptiren" deßhalb die fremden Jungen. Weil die Larven des Käfers Lomechusa strumosa in Haltung und Benehmen die Ameisenlarven instinctiv nachahmen, und, obwohl sie sechs Beine besitzen, von denselben für gewöhnlich keinen Gebrauch machen, sondern sich gleich hilflosen Ameisenlarven gebärden, deßhalb genießen sie die zärtlichste Pflege von seiten der Ameisen. Und da diese Käferlarven unter der Fütterung der Ameisen viel rascher wachsen als eine wirkliche Ameisenlarve, deßhalb machen sie auf den instinctiven Pflegetrieb der Ameisen einen noch weit angenehmern Eindruck als jene und werden darum auch „zärtlicher geliebt". Die Arbeiterinnen sind bei Störung des Nestes regelmäßig an erster Stelle auf die Rettung dieser „Adoptivkinder" bedacht und bringen sie noch vor ihren eigenen Larven und Puppen in Sicherheit; ja sie vernachlässigen sogar die Erziehung der eigenen Brut und gehen ganz auf in der Sorge für die ihnen wegen des raschern Wachsthums und des gesundern Appetits so theuern Lomechusa-Larven. Daß diese ihnen regelmäßig die eigenen Eier und jungen Larven klumpenweise auffressen, erregt keineswegs die Besorgniß der Ameisen; im Gegentheil, sie tragen diese Wechselbälge sogar zu den eigenen Brutklumpen hin, damit sie ihr Zerstörungswerk um so leichter vollbringen können. Hätte eine höhere Weisheit es nicht so eingerichtet, daß die zu starke Vermehrung der Lomechusa durch die Affenliebe der Ameise selber in Schranken gehalten wird, so müßte die Zahl dieser Gäste so sehr überhandnehmen,

---

[1] Vgl. „Kosmos" 4. Jahrg., 7. Bd. 1880, S. 217.

daß alle sanguinea-Kolonien vernichtet würden. Aber es ist dafür gesorgt, daß die Bäume nicht in den Himmel wachsen. Die Ameisen behandeln nämlich die Lomechusa-Larven auch bei der Verpuppung ganz nach Art der eigenen Larven und betten sie sorgfältig in ein Gewölbe von Erde ein. Die Ameisenlarven werden nach kurzer Zeit wiederum aus der Erde hervorgezogen, wo sie unterdessen ihren Cocon gesponnen haben. Die Larven jenes Käfers spinnen aber keinen zähen Cocon, sondern nur ein äußerst dünnes Seidengespinst, das beim Herausziehen aus der Erde sofort zerreißt; alsbald wird die Lomechusa-Larve von den Ameisen an einer andern Stelle aufs neue sorgsam eingebettet, dann wiederum hervorgezogen, umhergetragen und abermals eingebettet, bis sie schließlich vertrocknet und zu Grunde geht. Die meisten Lomechusa-Larven kommen auf diese Weise noch vor der Verpuppung durch die Thorheit der Ameisen um; und auch von denjenigen, die zur Verpuppung gelangen, werden noch viele als Puppen von den Ameisen aus der Erde hervorgeholt und — ob aus Liebe? — aufgefressen. Nach meinen vieljährigen Beobachtungen über die Entwicklung von Lomechusa strumosa kommen nur jene Larven glücklich durch, welche nach ihrer Einbettung von den Arbeiterinnen vergessen werden; alle übrigen sind rettungslos verloren; von 100 Larven bringen es deshalb durchschnittlich kaum 10 zum Käfer, manchmal sogar kaum eine. Nur ein Beispiel sei hier erwähnt. In dem S. 15 abgebildeten Beobachtungsneste wurden im Mai 1896 gegen 150 Lomechusa-Larven, von 10 Lomechusa stammend, aufgezogen, und zwar unter den günstigsten Nahrungs- und Temperaturverhältnissen; aus diesen 150 Larven erhielt ich — eine einzige Lomechusa!

Seit Tausenden von Jahren wiederholt Formica sanguinea alljährlich in Tausenden von Kolonien stets dasselbe widerspruchsvolle Spiel: zuerst pflegt sie die Lomechusa-Larven mit der größten Hingabe und läßt durch sie sogar ihre eigene Brut vernichten; dann gönnt sie aber aus Affenliebe den Larven bei der Verpuppung keine Ruhe und frißt die Puppen selber auf. Sie hat trotz unzähliger Erfahrungen noch immer nicht eingesehen, daß sie die Lomechusa-Larven zur Zeit der Verwandlung anders behandeln müsse als die Ameisenlarven; und das ist ihr Glück; denn sonst würde sie durch ihre Lomechusa-Zucht bereits den Untergang der eigenen Art herbeigeführt haben. Jene höhere Weisheit, welche durch die unvernünftige Liebe der blutrothen Raubameise zu Lomechusa strumosa und deren Larven dafür gesorgt hat, daß die Vermehrung der Ameise in Schranken gehalten werde, dieselbe höhere Weisheit hat auch dafür gesorgt, daß durch eben jene unvernünftige Liebe der Ameise zu Lomechusa die Vermehrung dieses Käfers wieder auf das richtige Maß beschränkt werde. Durch so milde und zugleich so starke Maßregeln vermag eine göttliche Weisheit das Gleichgewicht in der Natur aufrechtzuerhalten: Thierverstand und Thiermoral stehen vor dieser Erscheinung in ohnmächtiger Rathlosigkeit da.

Die Pflege, welche die Ameisen manchen zu ihren echten Gästen oder zu ihren Hausthieren gehörigen fremden Thierarten widmen, bietet allerdings für einen oberflächlichen Blick vielfach ein sehr intelligenzähnliches Aeußere; daher ist es einigermaßen begreiflich, daß moderne Thierpsychologen es versuchen konnten, aus derartigen Adoptionsvorgängen in der Brutpflege der Ameisen einen Beweis für die hohe Intelligenz der Ameisen herzuleiten. William Marshall hat in seinem „Leben und Treiben der Ameisen" (S. 102) diesen Versuch gemacht, wo er von der Pflege der Blattlauseier durch die Ameisen spricht. Manche Ameisenarten der Gattung Lasius sammeln die Eier der Blattläuse, die sie wegen ihres Honigsaftes belecken, in ihren Nestern, hüten sie dort sorgfältig und tragen dann im Frühling die jungen Blattläuse auf ihre Nährpflanzen. Daraus zieht Marshall den Schluß, daß die Ameisen die Eier der Blattläuse in der intelligenten Absicht pflegen, um später den Genuß von der Beleckung der Blattläuse zu haben. „Das ist ganz gewiß eine höchst merkwürdige Erscheinung, welche vielleicht mehr als alles andere beweist, eine wie hohe Stufe der Intelligenz die Ameisen erlangt haben. Wir müssen ihnen eine bedeutende Beobachtungsgabe zuerkennen und gestehen, daß sie die Lebensweise ihrer Hausthiere bis zu einem gewissen Grad studiren" u. s. w. Wäre Herr Marshall nicht bloß Dilettant auf dem Gebiete der Ameisenkunde, so würde er diese kühne Behauptung wohl schwerlich aufgestellt haben. Woher weiß er denn, daß die Ameisen die Blattlauseier in der intelligenten Absicht sammeln, um aus denselben Blattläuse zu erhalten? Daß die Eier der Blattlaus einen Zusammenhang mit Blattläusen haben, ist für viele Ameisen allerdings ein Gegenstand sinnlicher Wahrnehmung und sinnlicher Erfahrung; aber nur eine vulgäre Psychologie könnte diesen Proceß, der auf instinctive sinnliche Vorstellungsverbindung sich beschränkt, mit Intelligenz verwechseln. Selbst wenn die Ameisen die Blattlauseier wirklich bloß auf Grund einer durch sinnliche Erfahrung erworbenen Vorstellungsassociation pflegten, wäre damit noch gar nichts für ihre „Intelligenz" bewiesen, sondern nur für ihr sinnliches Erkenntnißvermögen. Aber diese Voraussetzung entspricht nicht der Wirklichkeit. Man nehme einige ganz junge, frischentwickelte Arbeiterinnen von Lasius aus ihrem Neste und bilde aus ihnen „Autobidaktenkolonien", welche bloß auf ihre angeborenen Instincte angewiesen sind, ohne auch nur eine Spur von Erfahrungskenntniß über Blattläuse und Blattlausentwicklung zu besitzen. Man gebe ihnen dann Eier von jenen Blattlausarten, welche die betreffende Lasius-Art zu erziehen gewohnt ist, — und man wird sehen, daß sie dieselben gerade so behandeln, als ob sie die Lebensweise dieser Blattläuse vorher „studirt" hätten: die Vorliebe bestimmter Ameisenarten für Blattlauseier ist ein rein instinctiver Trieb, der allerdings durch die sinnliche Erfahrung noch verstärkt werden kann. Es war von Herrn Marshall übereilt, denselben frischweg für „eine Fähigkeit, bewußt mit Zukunft zu rechnen", auszugeben. In einer richtigern Weise hat Alfred Espinas die Züchtung der Blattläuse durch die Ameisen als intelligence non réfléchie, d. h. als ein bloßes Analogon der menschlichen Vernunft erklärt, welches mit der Intelligenz im eigentlichen Sinne nur eine entfernte Aehnlichkeit besitzt und von ihr nicht bloß dem Grade nach, sondern dem Wesen nach verschieden ist [1]. Dieses analogum rationis ist eben nichts anderes, als eine durch die sinnliche Erfahrung unterstützte, instinctive Vorstellungsassociation.

Die Lasius-Arten stehen trotz der Vollkommenheit, welche ihre Blattlauszucht aufweist, in Bezug auf das, was die moderne Thierpsychologie fälschlich Intelligenz nennt, nämlich in der Verwerthung sinnlicher Erfahrungen für ihre Handlungsweise, weit hinter den Formica-Arten zurück. Sehen wir nun einmal zu, wie es bei diesen mit der „bewußten Voraussicht der Zukunft" in ihrer Brutpflege bestellt ist.

Ein instinctives Rechnen mit der Zukunft findet sich bei jeder Brutpflege, namentlich aber bei der Erziehung der dem weiblichen Geschlechte angehörigen Ameisenlarven; denn es hängt ja gerade von der Modificirung der Brutpflege ab, ob aus dem befruchteten Ei ein Weibchen oder eine Arbeiterin werden soll. Aber nur eine kritiklose, vulgäre Psychologie könnte diese instinctive Absicht und instinctive Voraussicht mit einer intelligenten Absicht und intelligenten Voraussicht zusammenwerfen. Dies geht klar aus folgenden Thatsachen hervor. Die Käfer der Gattung Atemeles lassen ihre Larven bei bestimmten Formica-Arten erziehen, Atemeles emarginatus bei Formica fusca, Atemeles

---

[1] Societés animales, 2. éd. p. 157, 188 etc.

paradoxus bei Formica rufibarbis, Atemeles pubicollis bei Formica rufa. Sind die jungen Atemeles glücklich entwickelt, so verlassen sie die Formica-Nester wieder oder werden aus denselben sogar vertrieben, gehen zu Myrmica rubra[1] und bringen, von diesen Ameisen beleckt und gefüttert, in deren Nestern den größten Theil ihres Lebens zu. Erst im nächsten Frühjahre, zur Paarungszeit, finden sie sich wieder bei den betreffenden Formica-Arten ein, wo sie ihre Brut auf Kosten der Ameisenbrut aufziehen lassen. Für wen pflegen also jene Formica eigentlich die Brut der Atemeles? Nicht für sich, sondern für die Myrmica. Sie haben selber von der Adoption der Atemeles-Larven nichts als den großen Schaden, welchen diese Kuckucksbrut durch Auffressen der Ameiseneier und Ameisenlarven ihnen zufügt. Wo ist da das „bewußte, intelligente Rechnen mit der Zukunft", welches William Marshall den Ameisen zuschreibt? Seit Tausenden von Jahren haben die Formica doch stets alljährlich die traurige Erfahrung gemacht, daß sie bei der Erziehung dieser Käferlarven — für die Katze arbeiten. Ich glaube, wenn Herrn Marshall die Entwicklungsgeschichte der Gattungen Atemeles und Lomechusa nicht unbekannt geblieben wäre, so würde er schwerlich die hohe Intelligenz der Ameisen gepriesen haben.

Lomechusa strumosa macht bei Formica sanguinea, welche ohne Zweifel die „intelligenteste" unter unsern einheimischen Ameisen ist, ihren ganzen Lebenslauf durch. Sie bleibt auch als Käfer bei dieser selben Wirtsart, meist sogar in denselben Nestern, in denen sie auf die oben bereits geschilderte Weise erzogen wurde. In diesem Fall haben also die Ameisen in der That etwas von der Pflege der Lomechusa-Larven: nicht bloß eine hohe Befriedigung ihres Brutpflegetriebes durch das rasche Wachsthum dieser Adoptivkinder, sondern späterhin auch einen angenehmen narkotischen Reiz von der Beleckung der gelben Haarbüschel des Käfers. Aber würden denn die Ameisen wirklich so thöricht sein, für diesen Sinnenreiz die Lomechusa-Larven zu erziehen, wenn sie eine Spur von eigentlicher Intelligenz besäßen? Sie erfahren doch immer wieder, daß diese Wechselbälge ihre schlimmsten Feinde sind, weil sie die Ameisenbrut vernichten und überdies die Entstehung von reinen Staatskrüppeln — den pseudogynen Arbeiterinnen — veranlassen. Sie hätten deßhalb längst einsehen müssen, daß sie durch die Erziehung der Lomechusa-Larven eine an Selbstmord grenzende Thorheit vollbringen. Die Annahme einer

---

[1] Unter diesem ältern Collectivnamen ist Myrmica scabrinodis, laevinodis, ruginodis, sulcinodis und rugulosa einbegriffen.

"Thierintelligenz" erweist sich diesen Thatsachen gegenüber als völlig unhaltbar. Sie bieten dagegen einen neuen Beweis für die Richtigkeit unserer Erklärung des thierischen Seelenlebens.

Die Pflegevögel des Kuckucks benehmen sich gegenüber dem jungen Kuckuck übrigens um kein Haarbreit verständiger als die Ameisen gegenüber den Lomechusa-Larven. Weil der Wechselbalg den Schnabel bei der Fütterung weiter aufsperrt, kräftiger schreit und lebhafter mit den Flügelstummeln zittert, deshalb füttern ihn die "Pflegeeltern" mit besonderer Hingabe und lassen ihre eigene Brut eher verhungern als ihn; sie sehen ferner ruhig zu, wie der Kuckuck ihre eigenen Jungen über den Nestrand hinausbrängt und hinabwirft; ja es sind sogar Fälle beobachtet, wo die Pflegeeltern dabei noch selber mithalfen[1]. Der Brutpflege-Instinct und die Adoptionserscheinungen bei den Vögeln beruhen auf denselben Gesetzen des instinctiven Sinneslebens wie bei den Ameisen: keine verständige Unterscheidung zwischen eigenen und fremden Jungen, kein Begriff von "Blutsverwandtschaft", von "Eltern" und "Kindern", sondern überall dieselbe vernunftlose Abhängigkeit von den instinctiven Sinneseindrücken, deren zweckmäßige Beziehung zum Wohle der eigenen oder einer fremden Art der sinnlichen Erkenntniß des Thieres verborgen bleibt.

Dasselbe zeigt sich auch bei der Brutpflege der höchsten Säugethiere, der Affen. Wie bei den Ameisen die Eier, Larven und Puppen innerhalb derselben Ameisenart gewissermaßen international sind, d. h. auch von fremden Kolonien angenommen und gepflegt werden; wie die Eier bei den Eiderenten, bei unsern Hühnern und bei andern Vögeln denselben internationalen Pfleglingscharakter besitzen, der auch auf die Erziehung der aus ihnen hervorgehenden Jungen sich ausdehnt; wie bei manchen Ameisen und Vögeln dieser Adoptionsinstinct, welcher auf der sinnfälligen Aehnlichkeit der fremden Pfleglinge mit den eigenen Jungen beruht, nicht selten auch auf die Brut ganz fremder Thierarten (Lomechusa, Kuckuck) sich erstreckt, so verhält es sich in ganz ähnlicher Weise auch bei den Affen, und zwar aus denselben psychologischen Ursachen, welche die Unvernunft des Thieres klar beweisen. "Es ist ja allgemein bekannt," heißt es in der dritten Auflage von Brehms Thierleben (S. 52), "daß Affen die Kinder selbst irgend welcher andern Art ohne weiteres annehmen, auf das zärtlichste beschützen und sich selbst von den Todten nicht trennen wollen. Wenn unser Schäferhund Trine uns wieder mit Jungen be-

---

[1] Westfalens Thierleben II, 22.

3. Die Adoptionsinstincte im Thierreich.

schenkt hatte und diese von Flöhen wimmelten, so setzten wir sie zu den Meerkatzen ins Affenhaus. Dort wurden sie freudig aufgenommen, gleich emsig wie zart gesäubert und gehätschelt, während der alte Hund von außen ganz verständig (sic) zusah. Ein großes Gezeter gab es aber, wenn wir die Pfleglinge wieder abholten: man hatte sie unter sich vertheilt und gedachte (sic) offenbar, sie dauernd zu behalten." Die anthropomorphe Tünche, durch welche die modernen Thierintelligenz-Fanatiker den wahren Charakter dieser Adoptionserscheinungen zu verdecken suchen, muß von einer kritischen Psychologie schonungslos beseitigt werden. Wir wollen das Seelenleben der Thiere darstellen, wie es ist, nicht wie die vulgäre Psychologie es sich zurechtphantasirt.

Daß bei den Affen die Neigung zur Adoption von fremden Affenjungen, ja selbst von jungen Hunden, Katzen, Kaninchen, Meerschweinchen, oder sogar von jungen Menschenkindern, ein rein sinnlicher Trieb sei, der mit intelligenter Ueberlegung gar nichts zu thun hat, ist für einen wissenschaftlich denkenden Beobachter eigentlich so einleuchtend und in den Thatsachen so klar ausgedrückt, daß man einen weitern Beweis dafür gar nicht für nöthig halten sollte. Da bei den Affen die psychische Veranlagung der beiden Geschlechter weit weniger verschieden ist als etwa bei den Ameisen, kann es auch kaum befremden, daß nicht bloß die Affenweibchen, sondern auch die Affenmännchen instinctive Pflegelust besitzen, die sie an allen möglichen Säugethierjungen auszuüben suchen. Aber wie thun sie das, namentlich dann, wenn die Jungen einer fremden Art angehören? Alfred Brehm sagt hierüber selbst[1]: „Hier zeigt sich der Affe oft als **unerklärliches Räthsel**. Er pflegt seinen angenommenen Liebling nach Möglichkeit, drückt ihn an sich, reinigt ihn, behält ihn unter steter Aufsicht, **gibt ihm aber gewöhnlich nichts zu fressen**, sondern nimmt das für das Pflegekind bestimmte Futter ohne Gewissensbisse (sic) zu sich, hält jenes auch, während er frißt, sorgsam vom Napfe weg. So habe ich an Pavianen beobachtet, wenn sie junge Hunde oder Katzen zu Pfleglingen erkoren hatten."

Ist dies denn wirklich ein „**unerklärliches Räthsel**"? Wohl nur für jene, welche die richtige Erklärung nicht sehen wollen, weil die Thierintelligenz-Manie sie verblendet hat. Die Lösung des Räthsels liegt klar auf der Hand. Die Pflegelust wie die Freßlust des Affen sind **bloß sinnliche Triebe**, welchen keine vernünftige Ueberlegung zur

---

[1] A. a. O. S. 51.

4. Kapitel. Die Brutpflege im Thierreich.

Seite steht. Bei der Pflege der eigenen Jungen hat die zweckmäßige Anlage des sinnlichen Erkenntniß- und Begehrungsvermögens im Thiere dafür gesorgt, daß die Pflegelust stärker ist als die Freßlust, aber auch hier nur so lange, als die Pflegebedürftigkeit der Jungen der betreffenden Art unter normalen Verhältnissen es erfordert. Gefangene Aeffinnen machen nicht selten ihren eigenen Jungen jeden Bissen streitig, obwohl sie selber genug zu fressen haben; ja sie würden ihr „heißgeliebtes Kind" verhungern lassen, wenn man sie nicht gewaltsam daran hinderte, oder wenn das Junge nicht Kraft und Geschicklichkeit genug besäße, um sich trotz des gewaltthätigen Freßneides der „Frau Mama" zu Futter zu verhelfen.

Eine kritische Psychologie kann in diesen Erscheinungen nur den evidenten Beweis dafür erblicken, daß auch die höchsten Thiere vernunftlose Wesen sind, deren Handlungsweise bloß durch sinnliche Triebe bestimmt wird. Die der Arterhaltung dienende Pflegelust ist bei der Pflege der eigenen Jungen unter normalen Umständen stärker als die der Erhaltung des Individuums dienende Freßgier, weil das höhere Gesetz der Arterhaltung es so erfordert. Daher säugt und füttert die Aeffin ihr eigenes Junge anfangs mit der größten „Selbstlosigkeit", während sie ihm später keinen Bissen mehr gönnt; daher hätscheln und pflegen die Affen das fremde Thierjunge mit den Zeichen der größten sinnlichen Zuneigung, während sie ihm gleichzeitig das Futter verweigern und es grausam verhungern lassen; daher pflegen die Arbeiterameisen die nicht von ihnen selbst gelegten Eier der eigenen Kolonie mit mütterlicher Sorgfalt, während sie die von ihnen auf parthenogenetischem Wege selbst gelegten Eier zum großen Theile auffressen. Da ihr natürlicher Beruf der „Tantenberuf" ist und nicht der „Mutterberuf", deßhalb werden sie hier aus liebenden Tanten zu kannibalischen Rabenmüttern; denn die zweckmäßige Anlage ihres sinnlichen Begehrungsvermögens, nicht Intelligenz und Pflichtbewußtsein ist es, was bei ihnen die Freßlust der Pflegelust gesetzmäßig untergeordnet hat.

Fassen wir das Ergebniß unserer vergleichenden Untersuchung über die Brutpflege im Thierreich nochmals kurz zusammen. Dieselbe untersteht bei sämtlichen Thieren den nämlichen psychologischen Gesetzen. Ueberall erweist sich die Neigung zur Pflege und Erziehung der Jungen als ein sinnlicher Instinct, der mit individueller Ueberlegung und Pflichtbewußtsein gar nichts zu schaffen hat, sondern diese sogar ausschließt. Bei den höchsten Säugethieren, den Affen, ist dies ebenso der Fall wie bei den Ameisen; letztere stehen sogar, was die intelligenzähnliche Willkür in der Erziehung verschiedener Kasten und die an opferwillige Selbstlosigkeit erinnernde Anhänglichkeit an ihre Brut betrifft, noch über den höchsten Säugethieren. Bei sämtlichen Thieren wird die Brutpflege bloß durch sinnliche Triebe und sinnliche Wahrnehmungen geleitet, die unter normalen Umständen eine zweckmäßige Beziehung zur Erhaltung der betreffenden Art sowie zur Erhaltung des Gleichgewichtes zwischen den verschiedenen Arten haben. Diese Zweckbeziehung selber bleibt jedoch der sinnlichen Erkenntniß des Thieres völlig verschlossen; deßhalb ist auch bei der thierischen Brutpflege ein „Pflichtbewußtsein" schlechterdings unmöglich. Einzig und allein der Mensch erkennt durch seinen Verstand das Verhältniß der Blutsverwandtschaft und die sich daraus ergebenden Beziehungen; er allein hat einen **intellectuellen** Begriff von „Eltern" und „Kindern"; nur bei ihm kann deßhalb von **moralischen Pflichten** der Eltern gegen ihre Kinder die Rede sein. Auch beim Menschen wurzelt zwar die Mutterliebe in einem **sinnlichen Instincte**; aber sie ist zugleich auch **geistiger** Natur, weil die Mutter sich als Mutter ihres Kindes erkennt, und weil diese Erkenntniß mit der sich daraus ergebenden Pflicht, für das Wohl des Kindes zu sorgen, für das ganze Leben bestehen bleibt. Beim Menschen erhebt sich die Liebe der Eltern zu ihren Kindern und die Fürsorge für dieselben weit über die sinnlich-instinctive Sphäre hinaus und ragt in das geistig-sittliche Gebiet hinein: eben dadurch wird die menschliche Mutterliebe zu der höchsten und edelsten Liebe in der ganzen Natur, weil sie eine **vernünftige**, eine **pflichtbewußte Liebe** ist. Eine derartige Mutterliebe den Thieren zuzuschreiben — wie die moderne Thierpsychologie es thut —, ist, vom wissenschaftlichen Standpunkte betrachtet, ein Unsinn, und vom moralischen Standpunkte betrachtet, eine Erniedrigung des Menschen.

Schluß.

Es ist bei dem beschränkten Raume dieser Schrift nicht mehr möglich, noch weitere Parallelen zwischen dem Seelenleben der Ameisen und demjenigen der übrigen Thiere zu ziehen. Besonders die außerordentlich mannigfachen Erwerbszweige der Ameisengesellschaften, auf welche wir in unserer Studie nur flüchtig hinweisen konnten (S. 25), würden dazu noch eine Fülle von Stoff liefern. Was wir hier geboten haben, dürfte übrigens genügen, um eine zuverlässige Antwort auf die im Anfang unserer Untersuchung gestellte Frage zu ermöglichen: **Besitzen die Thiere bloß Instinct oder auch Intelligenz?**

Schon in einer frühern Studie[1] wurde nachgewiesen — und in der vorliegenden fand es sich bestätigt —, daß die moderne Thierpsychologie unter dem Einflusse der sogen. vulgären Psychologie die Begriffe von sinnlicher Erkenntniß und Intelligenz verkehrt und verwechselt hat. Was sie Thierverstand nennt, ist, soweit es wirklich auf Thatsachen und nicht bloß auf Anekdoten beruht, nichts weiter als das Vermögen der Thiere, durch sinnliche Erfahrung zusammengesetzte Vorstellungen zu bilden und auf Grund derselben zweckmäßig zu handeln. Diese Fähigkeit entspringt aber, geradeso wie die unmittelbare instinctive Erkenntniß, aus den angebornen Gesetzen der sinnlichen Vorstellungs- und Gefühlsassociation; daher gehört sie in den Bereich des **sinnlichen Instinctlebens**, nicht in denjenigen des **intelligenten Geisteslebens**. Eine kritische psychologische Analyse führte uns dazu, den Instinct als **die zweckmäßige Anlage des sinnlichen Erkenntniß- und Begehrungsvermögens** zu definiren. Alles, was aus ihr hervorgeht, ist somit als **instinctiv** zu bezeichnen, mag nun die sinnliche Erfahrung des Individuums dabei betheiligt sein oder nicht. Als **intelligent** können dagegen nur jene Thätigkeiten gelten, welche eine **Einsicht** in die zwischen den sinnlichen Vorstellungen obwaltenden Beziehungen voraussetzen und ohne dieselbe unerklärlich sind; Intelligenz ist nur das Vermögen, mit **Ueberlegung und Selbstbewußtsein** zu handeln. Bloß dieses Vermögen kann man als **geistige Fähigkeit** bezeichnen, keineswegs aber — wie die moderne Thierpsychologie es thut — auch das sinnliche Vorstellungsvermögen und das sinnliche Gedächtniß. Auf dieser Verwechslung von sinnlichen und geistigen Fähigkeiten beruht das ganze vorgebliche „**Geistesleben**" der Thiere, von dem die vulgäre Psychologie so viel Aufhebens macht.

Die moderne Thierpsychologie spaltet das Seelenleben des Thieres in zwei sachlich verschiedene Factoren, welche sie **Instinct** und **Intelligenz** nennt, und zwischen denen sie einen künstlichen Gegensatz aufstellt. Unsere Erklärung des thierischen Seelenlebens ist **einheitlicher und natürlicher**. Wir leiten dasjenige, was man fälschlich Intelligenz der Thiere nennt, aus derselben Quelle ab wie die Instincthandlungen im engern Sinne: aus der zweckmäßigen erblichen Anlage des

---

[1] Instinct und Intelligenz im Thierreich.

sinnlichen Erkenntniß- und Strebevermögens, die wir Instinct nennen. Diese Anlage hat nämlich eine doppelte Seite, eine automatische und eine plastische. Automatisch ist sie, insofern sie erblich determinirt ist und daher das Thier zu bestimmten Thätigkeiten antreibt und anleitet, welche unabhängig von der individuellen Erfahrung und mehr oder minder einförmig bei allen Individuen derselben Art erfolgen. Plastisch ist sie dagegen, insofern sie innerhalb dieses determinirten Gebietes dem sinnlichen Erkenntniß- und Strebevermögen des Thieres einen engern oder weitern Spielraum zur mannigfaltigen Ausübung jener Thätigkeiten gestattet. Je enger dieser Spielraum ist, desto mehr überwiegt die automatische Seite des Instinctes, je weiter er ist, desto mehr die plastische. Beide Elemente, Automatismus und Plasticität, finden sich in verschiedener Mischung bei allen Thieren, von den niedersten bis zu den höchsten. In den untern Thierkreisen überwiegt im allgemeinen die automatische Seite des Instinctes ganz bedeutend, während bei den höhern Wirbelthieren die plastische Seite durchschnittlich mehr in den Vordergrund tritt. Auch bei den Ameisen geht die erbliche Determination zu bestimmten Thätigkeiten weiter als bei den Hunden und Affen; der variirende Einfluß, den die individuelle Sinneserkenntniß auf die Bethätigung der erblichen Instincte ausübt, ist bei den letztern größer und mannigfaltiger als bei den erstern: insofern gleicht das Seelenleben der Ameisen mehr einem „Automatismus" als dasjenige der Säugethiere. Andererseits ist jedoch auch bei den Ameisen die plastische Seite des Instinctes vielfach hoch entwickelt, und sie äußert sich nicht selten in einer intelligenzähnlichern Form als selbst bei den höchsten Wirbelthieren.

Wir gingen in der vorliegenden Schrift eine Reihe der hervorragendsten Erscheinungen des thierischen Seelenlebens durch und fanden überall, daß dasjenige, was die moderne Thierpsychologie Intelligenz des Thieres nennt, bei den Ameisen ebenfalls, ja in manchen Fällen in noch höherem Grade als bei den höchsten Säugethieren, vorhanden sei. In dem Gesellschaftsleben der Ameisen, das mit zweckmäßigem Zusammenwirken zum Wohle der Kolonie eine vielseitige Selbständigkeit des Handelns der einzelnen Arbeiterinnen verbindet, in ihren gegenseitigen Mittheilungen und Dienstleistungen, in ihren Kriegen, ihren Sklavenjagden und Bündnissen, in ihrem Nestbau und der mannigfaltigen Anwendung ihrer Baufertigkeit auf die verschiedensten Bedürfnisse, endlich auch in ihrer Brutpflege, welche mehrfache, der sinnlichen Willkür der Arbeiterinnen anheimgestellte Erziehungsmethoden umschließt und zugleich den höchsten Grad von „opferwilliger Anhänglichkeit" an die hilflosen Jungen bekundet, können wir mit Recht den **Höhepunkt der Entfaltung des Instinctlebens im ganzen Thierreich** erkennen. In der Ausbildung ihres Nervensystems und ihrer Sinnesorgane sind allerdings die höhern Säugethiere dem Menschen weit ähnlicher als die Ameisen; was jedoch die **intelligenzähnliche Bethätigung** des thierischen Instinctes unter dem Einflusse der Sinneswahrnehmungen und Sinneserfahrungen zu den mannigfaltigen Zwecken des **Gesellschaftslebens** anbelangt, stehen die Ameisen dem Menschen ohne Zweifel näher als selbst die anthropoiden Affen. **Intelligenz im eigentlichen Sinne**, nämlich die Fähigkeit, mit Ueberlegung und Selbstbewußtsein zu handeln, neue Mittel zu ihren Zwecken zu erfinden und dadurch Fortschritte in der Cultur zu machen, besitzen die Ameisen allerdings ebensowenig wie die Affen. Die Kluft zwischen dem thierischen und dem menschlichen Seelenleben ist jedoch zwischen Affe und Mensch in vielfacher Beziehung noch **weiter als zwischen Ameise und Mensch**.

Mit den aprioristischen Forderungen der modernen Entwicklungstheorie[1], nach denen der Mensch nichts weiter sein darf als das höchstentwickelte Thier, und das menschliche Gesellschaftsleben aus demjenigen der höhern Säugethiere allmählich hervorgegangen sein muß, stimmt das Ergebniß unserer Untersuchung allerdings nicht überein; es steht zu demselben vielmehr in entschiedenem Widerspruch. Aber eine wissenschaftliche Forschung darf sich um solche aprioristische Theorien nicht kümmern; wenn dieselben mit den Thatsachen sich nicht vereinbaren lassen, so muß man sie eben aufgeben. Die seelische Kluft zwischen Mensch und Thier ist nun einmal unläugbar vorhanden, und sie läßt sich durch keine entwicklungstheoretischen Speculationen überbrücken[2]. Der Mensch ist **thatsächlich das einzige vernunftbegabte, geistig-sittliche Wesen in der ganzen sichtbaren Natur**. Wegen der wesentlichen Verschiedenheit des sinnlichen vom geistigen Leben ist es ganz unmöglich, daß

---

[1] Auf die Entwicklung der Instincte überhaupt kann hier nicht eingegangen werden. Vgl. hierüber unsere frühern Arbeiten: Die Entstehung der Instincte nach Darwin (Stimmen aus Maria-Laach Bd. XXVIII, 4. Heft, S. 333); Die Entwicklung der Instincte in der Urwelt (a. a. O. Bd. XXVIII, 5. Heft, S. 481; Bd. XXIX, 3. Heft, S. 248; 4. Heft, S. 383); Zur Entwicklungsgeschichte der Ameisengesellschaften (Die zusammengesetzten Nester und gemischten Kolonien der Ameisen, III. Abschnitt, 2. Kap.).

[2] Selbst Descendenztheoretiker wie Wallace haben dies richtig erkannt und sich deshalb **gegen die Anwendung des Darwinismus auf die psychische Seite des Menschen** erklärt. Vgl. Wallace, Der Darwinismus (deutsch von D. Brauns, 1891).

aus einem Thiere jemals durch natürliche Entwicklung ein Mensch werden konnte. Allerdings sehen wir alltäglich aus dem sinnlichen Instinctleben des Kindes das geistige Verstandesleben sich entfalten; aber diese Entfaltung ist dadurch ermöglicht, daß die Seele des Kindes von Anfang an eine sinnlich-geistige Seele ist; der Entwicklung ihrer geistigen Fähigkeiten muß diejenige der sinnlichen vorhergehen, weil diese die Grundlage und den Stoff für die Geistesthätigkeiten zu bieten haben. Dem Thiere dagegen, welches niemals geistige Fähigkeiten zeigt, dürfen wir deshalb auch nur eine sinnliche Seele zuschreiben, welche von der sinnlich-geistigen Seele des Menschen wesentlich verschieden ist und das Thier — mag es nun Ameise heißen oder Affe — zu einem vernunftlosen Wesen, zu einem Wesen niederer Ordnung macht.

Jene sogen. populäre Thierpsychologie[1], welche den wesentlichen Unterschied zwischen Menschengeist und Thierseele läugnet und sich hierfür auf die Ergebnisse der biologischen Forschung zu berufen pflegt, müssen wir sonach erstens als unwissenschaftlich bezeichnen; denn ihre Verwechslung von Sinnesleben und Geistesleben, von Instinct und Intelligenz, läuft den Grundsätzen einer kritischen Psychologie schnurstracks zuwider; ihre Behauptung, daß das Thier ebenso wie der Mensch, wenngleich in geringerem Grade, Verstand und Pflichtbewußtsein besitze, ist eine offenbare Unwahrheit, welche durch die biologischen Thatsachen Lügen gestraft wird. Aber jene vulgäre Thierpsychologie ist nicht bloß unwissenschaftlich und unwahr, sie ist leider noch weit mehr als das: sie ist geradezu unsittlich und gefahrdrohend für die sittliche Gesellschaftsordnung der Menschheit. Deshalb darf man an ihr nicht bloß mit einem mitleidigen Achselzucken vorübergehen, sondern man muß sie aufs entschiedenste bekämpfen.

Indem diese Thierpsychologie den wesentlichen Unterschied zwischen den thierischen und den menschlichen Seelenfähigkeiten läugnet, erhebt sie nicht bloß das Thier zum Menschen, sondern sie erniedrigt auch den Menschen zum bloßen Thiere. Wollte Gott, daß dies nur in der Theorie geschähe; aber die praktische Folge dieser falschen Theorie ist eben die

---

[1] Wie bereits im ersten Kapitel unserer Schrift „Instinct und Intelligenz im Thierreich", so sei hier nochmals darauf aufmerksam gemacht, daß wir keineswegs die wissenschaftlichen Vertreter der neueren zoologischen Thierpsychologie mit den tendenziösen Vermenschlichern des Thierlebens wie Brehm, Büchner u. s. w. identificiren. Es wäre dies eine Ungerechtigkeit gegen sehr viele objectiv denkende Forscher, die mit uns die Vermenschlichung des Thierlebens verurtheilen.

sittliche Verthierung des Menschen. Diesen Zweck verfolgen die Bannerträger der vulgären Psychologie, indem sie den thierischen Geschlechtstrieb als wesentlich gleichartig mit der menschlichen Gattenliebe und die thierische Brutpflege als wesentlich gleichartig mit der menschlichen Mutterliebe ausgeben. Leute wie Alfred Brehm und Ludwig Büchner haben sich nicht geschämt, offen als „Apostel der freien Liebe" aufzutreten und jene sittlichen Schranken, welche dem Menschen seine Vernunft und das göttliche Gebot zieht, für abgeschmackt und lächerlich zu erklären. Die Vermenschlichung des Thierlebens verfolgt bei ihnen offenbar den Zweck, den Menschen dazu zu erniedrigen, daß er sich seiner vernünftigen Natur entledige und rückhaltslos den sinnlichen Trieben gehorche, die er mit dem unvernünftigen Thiere gemein hat. Um diesen Zweck zu erreichen, läugneten sie den Unterschied zwischen sinnlichen und geistigen Fähigkeiten, zwischen Thierseele und Menschengeist. Daher glauben wir kein ungerechtes Urtheil auszusprechen, wenn wir sagen: **die Vermenschlicher des Thierlebens treiben nicht bloß ein kritikloses Spiel mit der wissenschaftlichen Psychologie, sondern sie treten auch die Würde der Menschheit in den Koth.** Jeder edel denkende Naturforscher sollte daher mit aller Kraft diesem gewissenlosen Treiben entgegentreten.

Gegen den Gebrauch des Alkohols und anderer nervenzerstörender Genußmittel wird heutzutage eine eifrige Propaganda gemacht, weil durch dieselben das körperliche und geistige Wohl der Menschheit gefährdet wird — und mit Recht. Um die geistigen Gifte aber, die unter dem gleißnerischen Namen der Wissenschaft in den weitesten Kreisen verbreitet werden, kümmert man sich leider nicht. Und doch sind diese Gifte weit gefährlicher und verderblicher. Wenn die moralischen Grundsätze von Brehm und Büchner zum Gemeingut der Menschheit werden sollten, dann dürfte die Gesellschaft der Zukunft von den niedersten bis zu den höchsten Kreisen einer Herde unvernünftiger Thiere gleichen, deren „geistiges Leben" in der schrankenlosen Befriedigung der niedersten Leidenschaften aufgeht. Darum schließen wir mit aller Entschiedenheit: **Fort mit allen jenen Werken, Broschüren, Zeitschriften und Kalendern, welche die Vermenschlichung des Thierlebens zu ihrer Tendenz gemacht haben!**